영화,
포장마차에서의
즐거운 수다

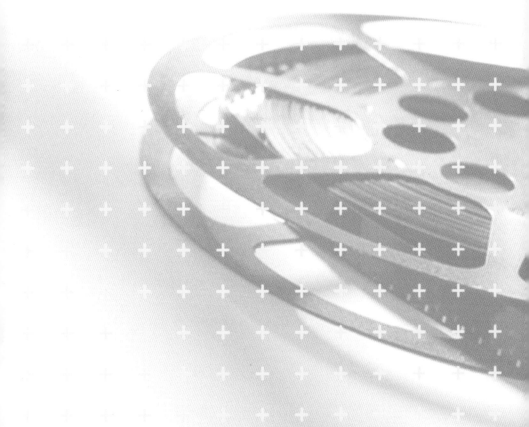

이달균 시인의 **영화**로 읽는 세상…

영화,
포장마차에서의
즐거운 수다

이달균

이미지북

읽기 편한, 꼭 읽어야 할 '시인의 수다'

이달균 시인의 영화로 읽는 세상 『영화, 포장마차에서의 즐거운 수다』를 꼼꼼히 읽었다. 진심으로 출간을 축하드린다. 〈시네마 천국〉의 주인공 '토토'처럼 어린 시절 가설극장에서 영화를 보며 꿈을 키웠다는 이달균 시인은 청소년 시절에는 극장에서 살았고, 지금도 개봉하는 영화는 빼놓지 않고 본다는 영화광이다.

나는 지난 봄 통영국제음악제 뒤풀이에서 이달균 시인을 만났다. 술자리에서 그의 '끼와 수다', 그리고 해학은 좌중을 압도했다. 그런 그가 이번엔 그 '유명한 수다'를 영화에 쏟아부었다. 이달균 시인의 수다를 글로 읽으면서 그의 해박한 지식, 탁월한 안목과 재능에 또다시 놀라움을 금할 수 없었다.

김 동 호
부산국제영화제 명예집행위원장
단국대학교 영화콘텐츠전문대학원장
대통령 소속 문화융성위원장

첫째, 그는 안 본 영화가 없을 정도로 많은 영화를 보았고, 같은 영화도 적어도 두 번 이상은 반복해서 보았을 뿐 아니라 꼼꼼히 기록해 왔다는 것을 알 수 있었다. 한국과 동·서양을 넘나드는 영화에 대한 그의 열정과 해박한 지식은 경이적이다.

둘째, 영화를 보고 분석하는 그의 안목은 영화를 전공한 평론가의 수준을 훨씬 뛰어 넘는다. 그동안 '영화 마니아'인 의사, 변호사, 기자, 학자 등 많은 사람들이 영화에 관한 책을 저술했다. 대부분 전문 분야의 시각에서 분석하고 평가했다. 그러나 이달균 시인은 문학인의 시각보다는 관객의 눈으로 영화를 해부했다. 그의 시각은 객관성과 균형을 유지하면서도 때로는 예리하게 파헤쳐 감독을 격려하거나 혹평하기도 한다. 그래서 많은 독자들이 그의 의견에 공감하리라고 확신한다.

셋째, 흔히 평론가의 글은 난해한 이론에 치우쳐 표현이 현학적이거나 추상적이기 쉽지만 그의 글은 쉽고 명료하다. 그래서 읽기에 편하고 이해하기 쉽다. 또 틈나는 대로, 한 편, 한 편 골라서 읽을 수 있다. 많은 사람들이 읽고 우리 영화에 대한 관심과 애정을 갖게 되기 바란다.

유난히 외로움을 많이 타고 혼자 있길 좋아하여 극장에 간다. 아직도 조조할인 입간판이 그립고, 바람 부는 날 외투 깃 세우며 극장 앞에 서 있던 기억에 사로잡히곤 한다. 우리들 청춘은 사라진 옛 극장에 있다.

내 영화의 시작은 경상남도 함안군 대산면 구혜리 장터에서 펼친 천막극장이었다. 이동극장은 추석이 지나면 찾아왔다. 손님을 모으기 위해 확성기를 매단 차는 마을 곳곳을 다니면서 "눈물 없인 볼 수 없는 영화, 손수건을 준비하고 나오시라"며 외치고 다녔다. 누나들은 새옷과 수다로 며칠을 보냈고, 촌동네에서 싸움깨나 한다는 형들은 어깨 들썩이며 폼을 잡기도 했다. 가설극장은 면민 모두가 기다리던 꿈의 극장이었고, 설레는 달빛 나들이었다.

그리고 마산에서의 청소년 시절, 영화는 어린 자취생의 삶인 동시에 동경이었다. 화려한 뉴욕의 뒷골목과 언더그라운드들의 슬픈 자화상을 그린 〈미드나잇 카우보이〉, 잘 생기고 유쾌한 사기꾼들의 반전이 있는 〈스팅〉, 율 브리너와 데보라 카 주연의 뮤지컬 〈왕과 나〉, 어디 그뿐인가. 존 웨인, 찰턴 헤스턴, 오드리 헵번, 엘리자베스 테일러, 잉그리드 버그만, 커크 더글러스, 스티브 맥퀸 등…. 영화로 찾아가는 그날이 새롭다.

하지만 난 그저 영화를 좋아하는 한 사람에 불과하다. 내가 아는 어떤 이는 크리스틴 카우프만을 좋아하여 수리 중인 극장의 건물 잔해를 헤치고 그녀의 포스터를 가져오기도 했고, 또 한 분은 팔순이 가까운 지금도 영화와 함께 살며 방대한 영화 자료를 소장하고 있다. 이 정도는 되어야 진정한 영화 마니아라 할 수 있지 않을까.

어쩌다 극장에서 나와 메모해 둔 단상과 지역 신문에 연재한 원고들을 손보아 묶는다. 부끄럽지만 이제 돌이킬 수 없다. 졸고에 기꺼이 추천사를 보내주신 부산국제영화제 명예집행위원장이시며 대통령 소속 문화융성위원회 김동호 위원장님, 출판을 맡아 준 오종문 형, 흔쾌히 표사를 써 준 송희복 형과 장윤현 감독, 조덕현·이광호 화백과 더 많은 분들에게 감사드린다. 그리고 영화인 모두에게 존경과 갈채를 보낸다.

2015년 새해 아침

● 추천사 | 김동호/ 읽기 편한, 꼭 읽어야 할 '시인의 수다' | 4

● 저자의 말 | 6

[제1부]

영화, 그 낯선 곳으로 길을 떠나다

품격 혹은 상징, 영화 속에 등장하는 명화들 | 16

가을, 시인들이 추천하는 영화 11편 | 20

2014년 한국 코미디의 승리, 〈해적 : 바다로 간 산적〉 | 26

속편, 형만한 아우들의 탄생을 기다린다 | 32

일상에 지친 당신께 권하는 영화, 〈건축학 개론〉 | 42

실패가 예견된 잘 만든 법정영화, 하정우의 〈의뢰인〉 | 46

진화는 인류를 위협하는 혁명, 〈혹성 탈출 : 진화의 시작〉 | 50

[제2부]

슬픔도 때로는 희망의 빛이 된다

죽음에 대한 몇 가지 단상, 〈노킹 온 헤븐스 도어〉와 〈박하사탕〉을 중심으로 | 56

영화 속 숨은그림찾기— 카메오, 두 소설가의 영화 나들이 | 76

영화 속에 펼쳐지는 축구의 향연 | 80

병원 안 환자와 병원 밖의 환자,

    〈레지던트〉와 〈뻐꾸기 둥지 위로 날아간 새〉 | 88

상실의 시대를 건너는 영화, 〈축제〉와 〈아비정전〉 | 94

왜곡된 현실을 허무는 영화, 〈내일을 향해 쏴라〉 | 98

영화 〈하하하〉와 함께 떠나는 통영여행 | 102

[제3부]
때로는 헤매다 길을 잃어도 좋다

〈명량〉을 잇는 '한산대첩', 블록버스터를 기대한다 ㅣ 114

'만약, 어쩌면, 혹시나' 김홍도를 영화화한다면 ㅣ 120

김기덕, 베를린과 베니스가 인정한 감독 ㅣ 124

휴머니티 소유자, 장애인 연기에 대한 갈채 ㅣ 130

영화와 사건, 그 심리적 연쇄반응 ㅣ 134

영화는 영화다, 〈부러진 화살〉 그 이후를 보며 ㅣ 138

〈트루먼 쇼〉, 누군가 당신을 훔쳐보고 있다 ㅣ 144

[제4부]
불편한 시대, 무채색 일상을 걸어나오다

시와 함께 음미하는…, 가을에 볼 만한 영화 | 150

〈공모자들〉, 불편한 시대를 건너는 불편한 영화 | 162

5월에 다시 보는 두 저항 시인의 영화 | 168

〈올드 보이〉, 그 무한한 만화적 상상력 | 174

아카데미, 악동에게 기립박수를 보내다 | 178

홍상수 감독의 〈해변의 여인〉, 그 무채색 일상성을 걸어나오며 | 182

현대사를 걸어간 두 남자 이야기, 〈효자동 이발사〉와 〈포레스트 검프〉 | 190

[제5부]

기억하고 싶은 혹은 기억해야 할 영화

말론 브란도, 불꽃처럼 살다 별처럼 지다 | 196

〈태극기 휘날리며〉, 지금도 유효한 지난 시대의 벽화 | 200

못 박는 자와 못 박히는 자들의 부활절 | 204

기억하고 싶은, 기억해야 할 영화 〈부러진 화살〉 | 208

미국식 영웅 만들기, 라이언 일병과 린치 일병 | 214

비현실적 슈퍼맨이 판치는 시대, 이소룡이 그리워진다 | 218

질풍노도의 시대를 산 7080세대에게 갈채를 | 224

007영화 속, 한국과 일본의 두 얼굴 | 230

[제6부]
영화, 그 빈자리에 남은 사랑

곽경택, 〈똥개〉와 함께 밀양 가다 ㅣ 238

우리가 사는 세상, 섬인가 무인도인가 ㅣ 244

첩보원이 된 '미스터 빈' 로완 앳킨슨 ㅣ 250

아듀, 2003년 한국 영화 ㅣ 256

명절이 두려운 청춘들에게 권하는 영화 ㅣ 260

지난 연대의 이슈, 스크린쿼터를 아시나요? ㅣ 266

기왕이면 공부하는 마니아가 되어라 ㅣ 272

〈김약국의 딸들〉—유현목 감독, 1963년, 흑백 ㅣ 278

경남의 영화 세트장 두 곳, 〈단적비연수〉와 〈태극기 휘날리며〉 ㅣ 282

● 영화 제목 색인 ㅣ 286

영화는 현실이 아니다.

현실은 영화보다

훨씬

혹독하고 잔인하다.

그래서 인생을

우습게 보아서는 안 되는 것이다.

—영화 〈시네마 천국〉 중에서

제1부

영화,
그 낯선 곳으로
길을 떠나다

품격 혹은 상징,
영화 속에 등장하는 명화들

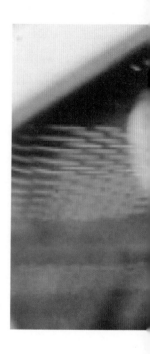

영화 속엔 종종 명화(名畵)들이 등장한다. 영화의 품격을 높이기 위해 혹은 전체 흐름을 관통하는 상징으로, 또 어떨 때는 소품으로 처리되기도 한다. 하지만 이 모든 것들은 감독의 치밀한 계산 아래 이루어진 것이다. 욕심 많은 관객이라면 감독의 숨은 뜻을 포충망 속에서 건져내야 한다.

영화 〈타이타닉〉을 눈여겨 본 관객이라면 낯익은 그림 한 점을 보았을 것이다. 햇살이 비스듬히 드는 수면 위에 드리워진 구름의 푸른 음영과 점점이 피어있는 연꽃들. 그 유명한 모네의 「수련」이다.

기억이 나지 않는다고? 당연하다. 이 장면에 이어

커다란 다이아몬드 목걸이만 달랑 걸친 케이트 윈슬렛의 육감적인 전라의 몸매가 화면을 가득 채우기 때문이다.

　1880년대에 시작하여 1926년 사망할 때까지 모네는 변화하는 빛에 따라 꽃들이 다양한 색채를 띠는 수련 연작에 집중하였다. 영화 속에선 케이트 윈슬렛이 이 그림을 들고 미국행 타이타닉 호에 승선한다. 이 그림이 상징하는 의미

는 크다. 생면부지의 지체 낮은 화가 지망생(디카프리오)과 금방 사랑에 빠지는 것은 같은 취미와 이상을 가졌기 때문이란 설정이다. 뿐만 아니라 그녀의

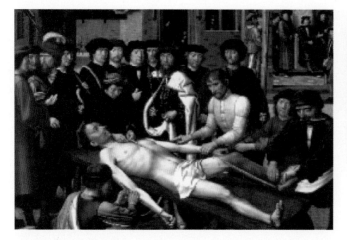 

집안 일원이 되어 신분 상승을 꿈꾸는 졸부와는 이상이 맞
지 않음을 이 그림 하나로 설명한다. 그러므로 이 그림 「수
련」의 등장은 전혀 이질적이지 않다. 그러나 1912년에 침몰
한 타이타닉 호의 최후와 함께 이 그림은 영영 수장되고 만
다는 상상이 재미있다.

　박기형 감독의 〈아카시아〉는 우울한 내면과 음습해오는
공포를 드러내기 위해 뭉크의 「절규」를 연상시키는 그림을
배면에 깔았다. 아이가 그린 검고 붉은 색조의 기괴한 형상,
그 비극적 빛깔은 간단치 않은 공포를 예감케 한다. 그러나
좀체 그 공포는 실체를 드러내지 않는다. 대신 중산층 가족
구성원의 기저에 깔린 묘한 이중성을 드러냄으로써 중반부
까지 긴장을 유지하게 한다. 2003년 부산국제영화제 폐막
작으로 선정된 관계로 납량 시즌을 한참 넘겨 일반 극장에
걸렸다. 그런 까닭으로 관객의 발길은 뜸했다.

　장윤현 감독의 〈텔 미 썸딩〉에선 헤럴드 다비드의 「캄뷰

세스 왕의 재판」이란 그림이 등장한다. 손목과 발목이 묶인 채 한 사내(시남네스 판사)가 수술대 위에 누워 있다. 그리고 다섯 명의 집도의는 사내의 살가죽을 벗기고 있다. 형집행을 둘러싼 이들의 눈빛은 무심하다. 자세히 보면 한 방울의 핏방울이 흘러내린다.

캄뷰세스(Cambyses) 왕은 기원전 6세기에 재위한 고대 페르시아 제국의 전제군주라고 한다. 그렇다면 이 엽기적 극사실화를 영화의 곳곳에 배치한 이유는 무엇일까? 영화 속의 살인이 누군가에 의해 치밀하게 계획되고, 범인은 그림과 연관된 이가 아닐까 하는 복선 역할을 한다.

이 영화에서 그림을 담당한 화가 이광호는 현재 대학(이화여대)에서 미술을 가르치고 있고, 주인공 심은하는 화가의 길을 걷기 위해 그림 공부에 매진하고 있다. 비단 그림과 음악 뿐이겠는가. 동원된 소품들에 눈길을 주어보자. 두 배의 재미를 얻을 수 있을 것이다.

가을,
시인들이 추천하는 영화 11편

    가을 속에서 시인들 몇 명이 모여 영화를 이야기한다. 요즘 영화, 그들의 입맛은 쓰다. 맥주 탓인가. 액션 블록버스터나 퓨전 영화들은 아무래도 가을용은 아닌 듯싶다. 영화를 주제로 하는 시들이 늘어나는 것을 보면 그들 역시 영상시대를 앓고 있음이 분명하다. 〈글루미 썬데이〉, 〈피아노〉같은 영화가 보고 싶단다. 사실 영상미 뛰어난 예술영화나

가슴 찡한 비극적 상상력에 기댄 영화들을 본지도 오래다.

　조은길 시인은 그런 아쉬움 속에서 이란 감독 압바스 키아로스타미를 얘기한다. 영화를 보면서 눈물을 흘리기도 했단다. 1987년 로카르노영화제에서 〈내 친구의 집은 어디인가〉로 은표범상을 받으면서 알려지기 시작했고, 이후에 〈체리 향기〉, 〈올리브나무 사이로〉 등으로 유명해졌다.

천진함과 순수, 그 화장기 없는 얼굴은 이슬람권의 이채로움으로 기억된다. 담백함을 넘어 약간 촌스럽기까지 한 화면은 현란한 기법을 구사하는 영화들 속에서 정화제 역할을 하기도 한다.

박서영 시인은 단연 〈일급살인〉을 꼽는다. 케빈 베이컨과 크리스찬 슬레이터, 게리 올드만 등 개성 만점의 배우들의 탄탄한 연기력과 극적 긴장감으로 무장된 영화다. 앨카트래스 교도소에서 24세의 나이로 죽어간 수인 핸리 영의 이야기를 영화화했다. 바다 위에 떠 있는 감옥 앨카트래스의 차가운 감방에 사체로 발견될 때 그가 써 놓은 '승리'라는 글자는 참담하고도 쓸쓸하다.

김우태 시인은 러시아 출신의 감독 안드레이 타르코프스키를 좋아한다. 영화 한 세기가 낳은 은막의 구도자 혹은 위대한 영상 시인이라고 불리는 그는 많은 후학들에게 가장 큰 영향을 준 감독으로 기억되고 있다.

소련에서 스웨덴으로 망명해 투병 중에 찍은 유작 〈희생〉은 절망 속에서 삶의 구원을 추구하려 했던 신비하고

아름다운 성찰을 보인 영화다.

타르코프스키는 말한다.

"나는 상징이 아니라 은유로 표출한다. 상징은 명확한 의미를 지칭하지만, 은유는 이미지이므로 뚜렷한 윤곽을 드러내 보이지 않아도 된다. 은유는 만지려하면 부서져 버린다."

그렇다면 필자는? 2014년 8월 11일 세상을 타계한 배우 로빈 윌리암스 영화들을 권하고 싶다. 〈굿 윌 헌팅〉, 〈쥬만지〉, 〈박물관이 살아있다〉, 〈어거스트 러쉬〉 등 70여 편의 필모그래피가 있지만, 그 중에서도 불멸의 대표작 〈죽은 시인의 사회〉에서의 키팅 선생 역할을 사랑한다.

피터 위어 감독이 전하고자 하는 메시지는 로빈 윌리

암스의 완벽한 연기로 인해 그대로 관객들의 가슴에 전해
진다. 키팅 선생은 전통 있는 명문 고교의 규격화된 틀에서
빠져나오라고 권한다. 새장을 벗어나 창공을 나는 새가 되
기를 꿈꾸게 한 진정한 스승상을 보여준다.

　이 영화는 우리에게 "현재 이 순간에 충실하라"는 메시
지를 전하는 동시에 월트 휘트먼의 시「오 나여! 오 생명이
여!」를 알게 한 작품이다.

　오 나여! 오 생명이여!
　수없이 던지는 이 의문!
　믿음 없는 삶이라는 열차에 올라탄 자들이여
　도시를 어리석음으로 채우는 자들이여
　아름다움을 어디서 찾을까?

　오 나여! 오 생명이여!
　대답은 오직 하나
　"네가 거기에 있다는 것"

"생명과 존재가 있다는 것"

화려한 연극은 계속되고,
너 또한 한 편의 시가 된다는 것

키팅 선생은 교실 벽면에 휘트먼의 사진을 걸어놓고 진정한 삶의 지향점에 대해 말하고 싶어 한다. 휘트먼은 링컨과 동시대를 산 친구이며 동지였다.

링컨이 암살당하자 "오, 선장! 나의 선장이여! 우리의 무서운 항해는 끝났습니다"로 시작되는 「오, 선장! 나의 선장이여!」란 시를 써서 그의 공적을 찬양했다. 한 대통령에게 열정에 찬 한 민중시인이 죽음을 애도하는 시를 발표하는 장면이 부럽지 않은가.

어쨌든 〈죽은 시인의 사회〉는 감독 피터 위어, 배우 로빈 윌리암스, 시인 월터 휘트먼이 키팅 선생으로 되살아난 영화다. 로빈 윌리암스는 세상을 떠났지만 그가 남긴 영화는 영원하다. 그리고 그 명대사들도 가슴에 오롯이 남아있다.

시인들이 말하는 영화들은 대체로 진지하고 울림이 큰 것들이다. 처음 접하는 이들에겐 다소 인내를 필요로 하는 영화들일 수도 있다. 가을이 다 가기 전에 한 편의 영화에 기대어 가슴을 데워보자.

2014년 한국 코미디의 승리,
〈해적 : 바다로 간 산적〉

참을 수 없는 가벼움 속에 녹여낸 메시지

2014년 한국 영화는 흥행기념비를 세웠다. 연초 극장가를 유쾌하게 달군 〈수상한 그녀〉, 기대를 훨씬 뛰어넘어 1,000만 관객을 달성한 〈변호인〉, 작품성에 비해 그래도 선전한 축에 든 〈역린〉, 적은 제작비에 비해 나름 완성도를 보인 〈끝까지 간다〉, 한국 액션의 뻔한 공식을 따라간 〈표적〉이 상반기 순위표를 작성했다.

여기까진 평년작에 불과했다고 말할 수 있다. 그러다 여름이 왔고 굵직굵직한 영화들이 속속 쏟아져 나왔다.

하정우·강동원을 내세운 〈군도 : 민란의 시대〉가 기대만큼의 성적을 내지 못하면서 아쉬워할 때 민족의 성웅 이순신 장군의 생즉필사 사즉필생(生卽必死 死卽必生)을 장엄하게 그려낸 〈명량〉이 등장하여 전무후무한 기록을 써 나갔고, 관객 동원 1,700만을 넘어 숨을 고르고 있다. 그런 와중에 두 오락물 〈해적 : 바다로 간 산적〉과 〈타짜 : 신의 손〉이 흥행 행진을 이어갔다. 이 정도면 2014년 한국 영화는 쾌속질주한 해라고 말할 수 있다.

이 글에서 말하고 싶은 영화는 〈해적 : 바다로 간 산적〉이다. 〈명량〉의 성공은 이순신이란 콘텐츠를 제대로 보여준

예이기도 하지만 냉정히 따지면 '세월호' 참사라는 전대미
문의 비극, 그 공허함을 달랠 수 없는 국민들에게 난국을
구한 영웅을 기다린 마음이 한 몫을 단단히 했다. 영화 그
자체의 재미보다는 시대의 코드와 맞아떨어진 결과가 대기
록을 세운 중요한 이유가 되었으리란 것이다.

그에 비해 〈해적〉은 영화적 상상력과 할리우드식 흥행
공식으로 이뤄낸 것이기에 더욱 값진 승리라고 여겨진다.
어쩌면 이 영화 역시 〈명량〉 흥행에 대한 반대 급부를 누
린 부분도 부인할 수 없다. 〈명량〉이 정사를 따라간 묵직함
을 보여줬다면, 〈해적〉은 정반대로 사서의 뒷면을 코미디로
파고들어 무거움에 힘겨워한 사람들을 가볍고 유쾌하게 달
래주었기 때문이다.

이 영화 속엔 수많은 볼거리가 등장한다. 〈프리 윌리〉를 연상시키는 고래와 사람의 교감, 해적에서 산적으로, 다시 산적에서 해적으로의 현란한 장면 전환, 청순 가련의 이미지를 깨고 해적선을 오가며 무공을 자랑하는 손예진, 특유의 애드립으로 분위기를 살리는 유해진, 보란 듯이 〈캐리비안의 해적〉을 연상케 하는 장면들, 거기에다 CG의 힘과 이석훈 감독의 연출력이 보태지면서 신나는 한 판 어드벤처를 완성한다.

이런 여러 코드를 버무린 비빔밥을 맛보면서 관객들은 유쾌·상쾌·통쾌를 느낀다. 괜히 어깨 힘주지 않고 그저 '영화는 영화일 뿐이다'는 생각으로 밀어붙인 것에 박수를 보내고 싶다. 서로에게 손이 묶인 채 바다에서 볼일을 보는

손예진과 김남길, 거대한 물레방아가 벽란도 장터를 휩쓸고
가는 장면, 해적이면서도 멀미를 호소하는 유해진의 코믹함
은 오래 기억에 남을만한 요소들이다.

그렇다고 이 영화가 메시지를 생략하고 엉뚱한 상상력만
으로 승부한 것은 아니다. 힘이 약한 나라는 어쩔 수 없이
사대를 금과옥조로 여길 수밖에 없다.

역성혁명으로 고려를 패망시키고 새로운 조선을 탄생시
켰지만, 건국 10년간 명나라로부터 국새를 받지 못한 이성
계의 아픔은 컸으리라.

〈해적〉은 이런 사실에 기반하여 기상천외한 상상력을 불
어넣는다. 국새를 받아오다 바다에 빠뜨리게 되고, 그 국새

를 고래가 삼켜버리자 이를 찾기 위한 대신들의 좌충우돌
이 볼만하다.

한마디로 무거움은 가벼움 속에 있음을 잘 보여준다. 어
설픈 주의주장을 내세우지도, 역사의식을 불어넣어 폼을 잡
지 않는 것이 이 영화의 미덕이다.

가뜩이나 경제가 어렵고 젊은 청춘들은 일자리를 찾지
못해 머리에 뚜껑이 열리는 때, 이런 가벼움은 고통을 잊게
하는 치료제가 된다. 가족과 함께 볼 영화가 많지 않은 요
즘, 유쾌한 해양영화로 가족 간의 나들이를 할 수 있게 해
준 영화는 위안이다.

속편, 형만한 아우들의
탄생을 기다린다

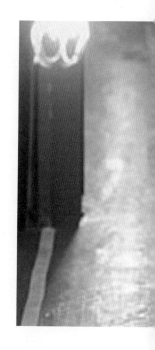

1. 한국 영화의 고질병을 어쩔 것인가

〈타짜 : 신의 손〉(이하 〈타짜 2〉)을 보고 나왔다. 썩 잘 만든 오락영화 〈타짜〉가 관객 680만 명을 돌파했으니 속편에 대한 기대도 크다. 거기다 요즘은 여러 매체를 통해 무차별적으로 광고를 퍼부으니 관심 없는 사람이라도 웬만한 시놉시스는 다 알고 있고, 스포일러가 일러주지 않아도 시나리오의 결말과 반전까지도 알 정도가 되었다.

입은 삐뚤어져도 말은 바로 해야 하고, 마당은 삐뚤어졌어도 장구는 바로 쳐야 한다. 결론부터 얘기하자면 이 영화도 형만한 아우는 못되었다는 생각으로 극장을 나왔다. 뭐니 뭐니 해도 한국 영화의 고질병을 전혀 개선하지 못했고, 심할 정도로 더 나아간 경향이 있다. 그 고질병은 바로 '욕설'과 '흡연'이다. 언제부터인가 극장에 가면 한 바가지의

쌍욕과 매캐한 담배연기에 절어 나온다.

예전에는 평소 하지 못한 욕설을 대신 해주니 카타르시스도 있었다. 오죽하면 '전국 욕 대회'라는 행사를 다 열었겠는가. 하지만 지금은 아니다. 이런 병폐는 사회에 만연되어 청소년들 곁을 지나가면 영화관에서 들은 욕들을 그대로 듣게 된다. 한국 영화의 '19금'은 야한 장면 때문이라기보다 담배와 쌍욕 때문이라 해도 과언이 아니다. 과거엔 분출구가 없었기에 그렇다 해도 지금은 야동이 일반화 되었으므로 굳이 극장을 찾을 이유가 없어졌다.

영화는 편집의 예술이다. 첫 장면부터 화면은 너무 급박하게 바뀌고, 비슷한 장면들이 계속 반복되어 나온다. 인물의 캐릭터보다 너무 상황 설명에 치중하다보니 관객을 심히

불편하게 한다. 장면이 바뀔 때마다 남녀를 막론하고 담배를 피워대고, 폭력을 동반하는 것도 짜증스럽다.

나의 편견적 시각으로 조금 더 자세히 들여다보면 전편인 형을 이기기엔 다소 역부족이 아니었나 싶다. 전편에서 보여준 고니(조승우)의 페이소스를 최승현이 소화하기엔 무리가 있었고, 정 마담(김혜수)을 대신하는 신세경·이하늬 두 여배우 역시 그 농염함과 노련미를 따라가기엔 다소 부족해 보였다. 그러다 보니 두 여배우가 반라 상태로 앉아있어도 요염한 아름다움은 별반 드러나지 않는다.

미안한 얘기지만 한국은 아직 속편의 전성시대를 열지 못했다. 최동훈 감독으로부터 카메라를 인계받은 강형철 감독은 〈써니〉, 〈과속 스캔들〉로 실력을 인정받았고 많은 팬을 확보하고 있다. 너무 다 보여주고 싶은 욕심이 군더더기를 낳았다. 수작은 아니지만 그렇다고 태작이랄 수는 없다.

2시간 27분이라는 긴 러닝타임도 그다지 길게 느껴지지는 않는다. 감독은 "전편은 다소 어두웠지만 난 밝게 찍고 싶었다"라고 했으니 이해할 만도 하다. 그러나 중요한 것은 관객의 입장이다. 나는 그의 밝음에 그다지 동화되지는 않았다. 어차피 타짜들의 이야기가 그다지 밝을 수는 없는 것이 아닌가.

2. 할리우드는 속편들의 전성시대

할아버지가 아버지를 낳고 아버지가 아들을 낳듯 영화도 속편들을 낳으며 이어지고 있다. 사람들은 저마다 '속편 베스트 10'을 선정하여 웹 사이트에 올려놓는다. 일견 공감이 가기도 하고 안 가기도 한다. 젊은이들은 옛날 영화를 못 봤으니 옛 영화를 배제하고 있고, 나이 든 사람들은 요즘 영화에 열광하지 않으니 아예 판타지 영화는 배제한

채 순위를 매기기도 한다.

속편이 계속 만들어지는 이유는 뭘까? 소재의 고갈, 전편의 검증된 흥행, 마저 하지 못한 얘기들, 관객들의 기대심리, 완벽에 가깝게 발전하는 컴퓨터그래픽과 액션 촬영기술 등등 속편의 탄생 이유는 많다.

대표적인 속편 영화로는 시리즈물을 빼놓고 말할 수 없다. 〈슈퍼맨〉 시리즈, 〈해리포터〉 시리즈, 〈007〉 시리즈, 〈인디아나 존스〉 시리즈, 〈미션 임파서블〉 시리즈, 〈스파이더맨〉 시리즈, 〈스타워즈〉 시리즈, 〈혹성 탈출〉 시리즈 등이 우선 생각난다.

한국 영화의 속편으로는 〈공공의 적〉 시리즈, 〈투캅스〉

시리즈, 〈장군의 아들〉 시리즈, 〈조폭 마누라〉 시리즈, 〈여고 괴담〉 시리즈, 〈친구〉 시리즈 등이 생각난다. 이렇게 보면 질적·양적으로 우리 영화는 아직 속편이 성공한 영화가 별반 없어 보인다.

그런데도 속편은 만들어진다. 왜일까? 사실 속편은 편하게 먹고 간다. 이미 만들어진 관객층이 있고, 시나리오도 힘들게 쓰지 않아도 된다. 전편의 상상력에다 슬쩍 끼워 맞춰 가면 어느 정도의 성공은 거둘 수 있다. 제작자는 검증되어 좋고, 감독은 큰 고민 않아도 된다.

내가 본 영화 중 가장 뻔뻔한 속편으로 〈스크림 2〉가 떠오른다. 무대는 대학 영화과, 학생들은 영화 속에서 노골적

으로 잘 된 속편 영화들을 열거한다. 정말 기가 막히는 것은 자신의 영화 〈스크림〉에 대해 "멍청한 백인 기집애 살 찢기는 얘기"라고 혹평한다. 사실 전편의 흥행에 기댄 그저 그런 범작이지만, 우린 당당히 만들어 돈을 벌겠다는 얘기다. 그들은 영화 속에서 잘된 속편을 토론하면서 〈에이리언 2〉와 〈터미네이터 2〉, 〈대부 2〉를 거론한다. 다른 영화들은 관점에 따라 다르므로 공통의 동의를 얻지 못하지만, 〈대부 2〉에 대해서는 나도 공감한다.

3. 〈대부 2〉, 형만한 아우 혹은 형보다 나은 아우

〈대부 2〉는 〈대부〉가 나오기까지의 전반부를 얘기하면서 시작된다. 새로운 대부가 된 마이클 꼴레오네 역의 알 파치노와 젊은 날의 비토 꼴레오네 역의 로버트 드니로 두 축에 의해 영화는 진행된다.

이탈리아 시실리의 꼴레오네라는 작은 마을에서 살고 있던 비토 꼴레오네는 어린 시절에 자신의 아버지가 그 지방

　의 마피아 두목을 모욕했다는 이유로 아버지와 형, 어머니를 모두 잃고 혼자 미국 땅으로 건너온다. 비토 꼴레오네는 타고난 배짱과 의리로 사업을 확장해 나가는 한편 마피아 대부가 되어 가는 과정을 그린다.

　프란시스 코폴라 감독은 1940년대에서 50년대에 걸친 미국의 어두운 근대사를 그려낸다. 갱들의 생성과 흥망, 패밀리의 탄생, 금주령 등 범죄영화답게 피비린내 나는 장면이 간간이 등장하고, 시종 무거운 분위기와 긴장된 화면, 빈틈없는 연출과 편집, 배우들의 뛰어난 연기 등이 완벽하게 조화된 영화다. 여기에다 니노 로타가 담당한 주제곡은 영화 팬들의 기억 속에 영원히 남는 명편으로 새겨 주었다.

　이런 속편이라면 형보다 나은 아우의 탄생이라 불러도 되겠다. 물론 이 또한 훌륭한 전편이 있었기에 가능했음은 두말할 나위도 없다. 그러나 〈대부 3〉에 오면 "이건 아니올시다!"라고 이구동성으로 말한다. 이 역시 과유불급. 참 쉽지 않은 과제다.

　내 개인적인 생각으로 스필버그 감독의 〈인디아나 존스〉 시리즈는 오히려 모험의 속도와 볼거리 면에서 전편을 능가해 보인다. 제임스 카메룬 감독의 걸작 〈터미네이터〉도 그중 하나다. SF영화의 고전이라 불리는 이 영화에 대해 마니아들이 보내는 찬사는 끝이 없다. 그들은 깊이 있는 시나리오와 디지털 효과의 절묘한 배합으로 전편을 능가한다고 평가한다.

　〈매트릭스 2 : 리로디드〉는 또 어떤가? 전편은 키아누 리브스의 총알을 피하는 장면으로 대변되는 특수효과에 기댄 점에 비해, 속편은 '기계 인간들의 미래 세계에 대한 예언'이란 묵직한 철학적 명제를 던져준다.

이 영화는 개봉과 함께 '매트릭스적 현상'에 관한 담론을 쏟아내었다. 긍정적이든 부정적이든 전편에 기대지 않아도 홀로 설 수 있음을 〈매트릭스 2〉는 실증해 보여 주었다.

기왕에 말이 나온 김에 한마디 덧붙인다. 이젠 물 건너갔지만 정말 내가 기다린 속편이 하나 있다. 바로 봉준호 감독의 〈살인의 추억〉이다. 공소시효 몇 시간을 남겨두고 이 영화를 보러 극장에 온 범인의 이야기에서부터 출발하면 어떨까. 혹은 또 다른 범인을 만나는 설정 등 내용은 무궁무진하게 변주할 수 있다.

그리고 마지막 반전이 숨어 있는 영화라면 설레지 않는가. 아쉽게도 〈살인의 추억〉은 끝내 범인을 잡지도 못했고 속편도 나오지 않았다. 그래서 범죄도 추억에 머물러 있고, 영화도 내 기억 속에 추억으로 묻혀 있다. 지금도 촬영이 진행 중이거나 예고된 속편들이 있다. 기왕에 나올 영화라면 한 번쯤 따져나 보자. 왜 이 영화가 속편으로 만들어져야 했는가, 이 한 편으로 제 나름의 완성도를 가졌는가.

일상에 지친 당신께 권하는 영화,
〈건축학 개론〉

당신에게도 첫사랑이 있었는가? 아마도 그랬을 것이다. 가슴 속에 묻어둔 첫사랑의 달콤 쌉싸름한 추억이 그리워 진다면 영화 〈건축학 개론〉을 권한다. 일상에 지친 사람들에게 극장가는 내밀한 발걸음으로 시선을 잡아당긴다. 광속으로 달리는 세기에 첫사랑은 너무 진부한 소재이다. 그런데 늘 예외는 있다. 이 영화 역시 예외가 있음을 웅변해 주고 있다. 입소문을 타고 제법 관객도 들었다고 한다.

20대 초반의 첫사랑 이야기가 그렇게 새로울 수는 없다. 상상력도 그렇고, 촬영 기법이나 그 무엇도 전혀 획기적인 면도 보이지 않는다. 그저 평범한 우리들의 지난 연대기에 불과할 뿐이다. 그러나 이런 평범함이 바로 우리를 극장으로 오게 하는 힘이다.

영화는 영웅의 것이고, 미래의 것이고, 상상을 불허하는

판타지의 전유물이었기 때문이다. 하지만 이 영화는 누구에게나 있을 법한 평범한 이야기를 담았기에 모두가 주인공이 되는 영화이다. 거기에다 〈건축학개론〉이란 제목부터가 신선하고 풋풋한 대학 초년생의 냄새를 드러낸다. 우전에 딴 녹차를 맛보듯 상큼함에 목말라 있는 이들을 자극시키는 것이다.

이 영화의 주인공인 엄태웅·한가인은 그다지 돋보이지 않는다. 단아한 스토리를 따라가면 누가 맡아도 그 정도의 성공은 보장되리라 싶다. 오히려 푸른 청년 시절 첫사랑을 겪는 두 사람 이제훈과 수지에 눈길이 더 끌렸다. 수지란 배우는 우리 같은 중년들에겐 생소한 이름이다. 그 청순함과 순수한 아름다움에 끌려 검색해 보니 JYP 엔터테인먼트

소속의 걸그룹 '미쓰에이'의 일원이었다. 나는 이 걸그룹의
존재도 노래도 들은 적이 없지만, 그녀와의 첫 대면에서 좋
은 배우 한 사람을 발견했다는 것이 솔직한 심정이다. 이
영화는 수지에 의한 수지를 위한 영화라고 해도 과언이 아
니다. 그리고 또 한 사람, 납뜩이 역할을 한 조연 조정석도
묻혀 있던 보석이라 할 수 있다. 이 두 사람의 시대가 곧 도
래할 것이라고 조심스럽게 전망해 본다.

　예전에 장진영·엄정화가 주연한 〈싱글즈〉를 보면서 한국
영화의 진일보를 경험했다. 그리고 〈엽기적인 그녀〉를 통해
로맨틱 코미디가 한국에서도 성공할 수 있다는 확신을 얻
었다. 이제 이 영화를 통해 첫사랑이란 진부한 소재도 얼
마든지 신선하게 재탄생할 수 있다는 기대를 갖게 한다. 물
론 위의 영화들과 함께 이런 성공은 연출자의 몫이다. 그런

의미에서 이용주 감독에게 박수를 보낸다.

　제주라는 감성을 자극하는 화면 위에 우리들 꿈의 집을
짓는 장면, 말하고 싶지만 말하지 못하는 마음(현재도 여전

히 그러하리라 싶은), 첫 눈 오는 날에 만나자는 약속이 덧없이 깨어지는(누구나 가졌던 기억) 장면, 어디선가 들은 듯한 주제곡 전람회의 '습작의 기억', 성인이 되어 만났지만 어쩔 수 없는 삶의 방정식으로 과거로 되돌아 갈 수 없는…. 이런 낯익은 요소들이 우리들 중년들도 공감할 수 있는 영화로 남게 했다. 영화 속 꿈의 집은 다시 지어져 제주의 명물로 남을 것이며, 많은 이들이 그 집을 보기 위해 제주를 찾을 것이다.

　이제 나이 오십 중반을 넘기면서 이런 영화 감상문을 쓰는 게 좀 우습기도 하지만 은근히 좋은 영화를 만났다는 느낌이다. 근래 흥행작인 〈도가니〉나 〈부러진 화살〉들은 시의적절한 영화였지만 작품성에서 있어서는 다소 산만하고 작위적이란 느낌을 받았다. 그런데 이번 영화는 영화적 정공법으로 도전하여 성공한 영화였다. 굳이 흠을 잡으라면 욕을 등장시킬 필요가 있었을까 하는 생각이 들었지만 감사한 마음으로 극장을 나왔다.

실패가 예견된 잘 만든 법정영화, 하정우의 〈의뢰인〉

〈의뢰인〉, 나름 괜찮은 영화였다. 하정우·박희순·장혁 등 개성파 연기자들의 열연으로 볼만한 영화임에 분명하다. 예상대로 관객도 얼마큼 들고 있었다. 모르긴 해도 어느 정도의 흥행은 보장받을 듯했다.

하지만 끝내 이 영화를 두고 실패한 영화라고 말할 수밖에 없었던 이유―감독도 이미 알고 있었던 시나리오상의 결함, 도저히 극복할 수 없는 한계가 처음부터 있었기 때문이다. 법정드라마의 성격상 미스터리와 스릴러를 수반하는데, 미스터리의 열쇠인 개연성을 확보하지 못함으로써 오는 한계가 아쉬웠다.

마지막까지 변호사 하정우는 범인 장혁의 시체 처리 장면에 대해 묻는다. 그러나 관객을 설득할만한 결말을 얻어내지 못하고 싱겁게 끝내고 말았다.

이 영화의 가장 중요한 장면은 사체가 감쪽같이 없어졌기에 물증은 없고 심증만 있는 재판의 유무죄 여부였다. 아파트 CCTV에 시체를 치우는 장면이 찍히지 않았다면, 어떤 방법으로 시체를 교묘히 빼돌렸을까를 관객은 궁금해 한다.

나는 이 부분에서 또 하나의 반전을 기대했다. 그러나 반전은 없었다. 그래서 결국 맥빠진 결론에 도달하고 만다. 고층아파트 빌딩에서 사체를 아래로 내던진다는 설정, 그래서 완전범죄를 만든다는 내용은 누가 봐도 말이 안 된다.

목격자도 없고, 사체도 감쪽같이 사라진 미스터리가 중요한 설정이었는데, 어찌 이런 일이 있을 수 있을까. 차라리 어떤 말도 하지 않았다면 상상에 맡길 수도 있었으련만…. 감독은 이런 한계를 어떻게 극복할까를 처음부터 끝까지 고심하였지만 빈 깡통의 결말을 보여주고 말았다.

이 영화를 보는 내내 〈세븐 데이즈〉를 생각했다. 검사로 열연한 박희순이 그 영화에서 형사로 나왔기에 연상이 되기도 한 부분도 있다. 그러나 더 중요한 것은 〈세븐 데이즈〉는 심증만 있는 범인을 빼낼 수밖에 없었던 충분한 이유가

있었다. 그런데 이 영화는 그런 장치를 마련하지 못했다.

비교적 잘 만든 영화였지만, 이 결말 때문에 좋은 영화라고 동의할 수 없는 한 관객의 안타까움을 감독은 어떻게 설명할 것인가. 한국 영화에서 잘 시도되지 않았던 법정드라마로서의 가치는 분명 있다. 그러기에 더욱 아쉬움은 남는다. 프로의식을 보여주었던 연기자들의 열연도 이 부분에서 걸려 넘어지고 말았다.

극장을 나오면서 매듭을 다 맺지 못한 넥타이처럼 답답한 마음을 어쩌지 못했다. 차라리 이 글을 쓰지 않아도 될 만큼 못 만든 영화였다면 돈이 아까워도 마음만은 편했을 텐데….

진화는 인류를 위협하는 혁명,
〈혹성 탈출 : 진화의 시작〉

2011년 8월 17일 개봉한 〈혹성 탈출〉은 1968년 처음 선보인 〈혹성 탈출〉 시리즈와 연관을 갖는다. 하지만 속편이란 냄새는 별로 느껴지지 않는다. 그만큼 독립된 한 편의 영화로서 손색없다. SF영화를 별로 좋아하지 않지만, 이 영화에 대한 거부감은 느껴지지 않는다.

휴가철의 막바지에 이르렀지만 거의 매일 비가 내려 바닷가보다는 극장을 찾는 사람이 많아 흥행은 순조로워 보였다. 거기다 특수분장과 대박 시리즈물이므로 이렇다 할 블록버스터가 없는 여름 극장가에서는 관객이 보장된 것이나 마찬가지다. 아니나 다를까 극장엔 많은 손님들로 붐비고 있었다.

이 영화는 시리즈물의 처음으로 돌아간다. 속편인 〈대부 2〉가 〈대부〉의 시작이 된 것과 같다. 부제로 붙은 '진화의

시작'은 인간이 왜 유인원의 지배를 받게 되었는가에 대한 의문을 푸는 영화다. 43년 동안 총 7편의 시리즈를 탄생시킨 영화지만 시작이 어떠했었는지에 대한 답은 없었다.

주인공은 제약회사에서 신약을 연구하는 연구원이다. 그는 알츠하이머 치료제 개발을 위해 이 연구에 나선다. 마침 아버지가 알츠하이머 환자이기에 그 열정은 더하다. 처음 침팬치에게 이 약을 투여한 후 일어나는 부작용으로 연구는 중단되고 만다. 사장은 연구에 사용된 침팬치들을 모두 죽이라고 명령한다. 그러나 사장이 악인은 아니다. 그는 그저 제약회사 사장으로서 영리를 추구하는 전형적인 기업인에 불과하다.

이 영화는 블록버스터 영화의 공식인 선악의 대결이 없

다. 굳이 악역을 꼽으라면 지능이 높아진 유인원을 이해하지 못하는 인간들이다.

알츠하이머를 앓는 아버지를 위해 침팬치를 데려오는 설정은 주인공의 휴머니티를 부각시키는 것이지만, 궁극적으로 이런 감상주의가 머리 좋은 기형의 침팬치를 낳게 한 원인이 된다. 그러므로 진정한 악역은 주인공과 시민들이다. 인간의 낭만적인 휴머니즘은 신의 세계에서 보면 값싼 오만이 되고 만다.

이 영화에서는 침팬치를 폭력적으로 그리지 않는다. 인간 욕심에 의해 철망에 갇힌 그들이 고향인 숲으로 가기 위해 사람과 싸우는 것이다. 그 싸움도 그리 격렬하지는 않다. 아직은 인간을 지배할 생각도 갖지 않는다. 비록 약물로 인해 인간의 지능을 가진 동물이지만, 인간을 제어하거나 구속하려는 생각은 없다. 그 다음 이야기는 다음 편에

나올 것이다.

이 영화는 많은 에피소드를 갖고 있다. 인간의 뇌를 가진 침팬치 시저를 연기한 앤디 서키스는 '킹콩', '골룸' 역에 이어 이번에도 인간이 아닌 침팬치를 연기했다. 그는 1970년대에 탄생한 인간 침팬지, 즉 '휴맨지'라고 불린 올리버를 참고하며 연기했다고 한다. 이 영화로 앤디 서키스는 유인원 단골 배역으로 각인되었다.

난 널 사랑해.

난 너 때문에 지금의 나야.

난 네가 가진 모든 이유.

모든 희망.

모든 꿈이고.

우리에게 무슨 일이 일어나는 건

우리가 함께 하는 날들이 내겐 가장 최고의 날들이야.

난 항상 너의 것이야.

—영화 〈노트북〉 중에서

제2부

슬픔도
때로는
희망의 빛이 된다

죽음에 대한 몇 가지 단상,
〈노킹 온 헤븐스 도어〉와
〈박하사탕〉을 중심으로

1. 죽음, 그 소재의 매혹

죽음은 신비하다. 아니, 신선하다. 아무도 체험해보지 않
았기 때문이다. 죽음은 절대적으로 평등한 것이지만, 누구
도 기꺼이 선택하지 않는다. 지상에 존재하는 모든 생명들
은 운명에 순응하지만 돌진하진 않는다.

어떤 이는 죽음을 담담히 받아들인다고 말하지만 기실
죽음은 공포다. 어떤 모험가나 미지의 것에 대한 호기심으
로 가득 찬 사람도 죽음을 선택하여 그 욕구를 충족시키지
는 않는다. 그들의 지난한 고행은 삶의 이정표 위에서만 그
려진다. 물론 그들이 선택하지 않았던 느닷없는 죽음이 때
로는 신화가 되고, 그들 족적의 벼랑 위에서 찬란한 별빛으
로 빛나기도 한다. 그러나 그것 또한 전적으로 산 자들의
몫이지 그들의 면류관은 아니다.

　종교의 궁극이 죽음 이후를 말하는 것도 이런 이유 때문이다. 죽음은 인간이 거대한 세상 위에서 얼마나 나약한 존재인가를 일깨워주는 거울이기도 하다. 그래서 죽음은 예술 속에서 영원할 수 있다. 결말을 짓지 못하는 서툰 작가에게 죽음은 구원이다. 그들은 죽음의 칼을 자룡이 헌창 쓰듯 빼든다. 죽음은 모든 삶의 결말이므로 더 할 말이 없다. 하지만 산 자에게 죽음은 얼마나 큰 공포인가.

　우리는 늘 죽음과 함께 있다. 아침에 눈을 뜨면 신문 속엔 수많은 삶과 죽음이 교차한다. 그 신문만 하더라도 기실 나무의 죽음에서 온 것이 아닌가. 아침 식탁 위의 음식들 역시 죽음의 결과물들이다.

　하지만 우리에게 죽음은 늘 먼 곳의 일이며 끝없이 경외의 시선으로 바라보려 한다. 잉카 인들의 흔적인 마추픽추 속에 아직도 사람들의 밥 짓는 연기가 난다면 더 이상 그것들은 신성하지 않으리라.

마술사 데이빗 카퍼필드는 그 죽음의 공포를 절묘하게 포장하여 상품화한다. 마술 속에서의 죽음은 우리들 내면에 존재하는 공포를 조롱하면서 통쾌하게 반전의 묘미를 보여준다. 마술은 만화와 영화보다 훨씬 현실에 가깝다. 눈앞에서 사람들을 감쪽같이 속이는 행위는 상상력만으로는 이뤄지지 않는다.

우리들 상상보다 더 앞서간 상상력이 상업적 성공을 보장하는 것이다. 여기엔 논리적 준거보다는 개연성이 먼저다. 이것이 요즘 인구에 회자되는 판타지의 속성이다. 귀신을 불러 일용할 양식을 얻는 영매도 이와 다르지 않다. 그들에겐 책임이 따르지 않는다. 미래나 죽은 자와의 관계 설정은 처음부터 오류를 각오하기 때문이다.

영화 속에도 죽음은 끝없이 반복된다. 아무도 체험해 보지 않은 이 소재만큼 매력적인 소재는 없다. 그러므로 영화 속에서 죽음은 영원할 것이다. 물론 그 죽음들은 제 각각의 빛깔들로 나타날 것이다.

우리나라에 수입되어 공전의 히트를 기록한 일본 영화 〈철도원〉의 허무하리만치 어처구니없는 죽음의 결말, 죽음 이후 며칠간의 장례식이 어떻게 삶 속에 용해되고, 맺힌 고를 푸는 마당이 될 수가 있는지를 보여주는 임권택 감독의 수작 〈축제〉의 경우처럼.

2. 〈박하사탕〉— "나 다시 돌아갈래"

야유회가 시작된다. 이 장면의 압도적 사실감은 영화가
우리의 시선을 끝까지 잡아두겠지 하는 기대를 갖게 한다.
이 장면의 완성까지 이창동 감독에게는 필연의 과정이 있
었다.

그 이전 작품인 〈초록물고기〉에서 이미 가족 야유회를

찍은 바 있다. 야유회는 인물의 특징과 갈등구조를 드러내
기엔 안성맞춤이란 경험을 익히 한 것이다. 〈초록물고기〉
도 완성도 높은 작품임엔 틀림없지만, 감독의 성장사 측면
에서 보면 〈박하사탕〉으로의 과정에 놓인 징검돌 같은 영
화가 아니었을까 생각된다(물론 감독은 이 말에 동의하지
않겠지만).

  그러나 나 역시 이 한 장면 만을 놓고 섣부른 판단을 내린 건 아니다. 야유회의 배경으로 멀리서 지나가는 기차도 그가 즐겨 사용하는 소재다. 〈초록물고기〉에서 익히 보았듯이 시간과 공간의 이동, 마음의 축을 흔드는 미묘한 향수를 불러오는 수단으로는 기차만큼 적절한 게 없는 듯하다. 그리고 한 사내가 죽는다.

  "나 다시 돌아갈래."

  이 말 한마디를 남기고 두 팔 벌려 죽음을 선택한다. 이 죽음까지의 삶은 어떠했으며 그는 누구인가. 그가 돌아가 다시 시작하고자 하는 삶은 어떤 것인지를 물으며 영화 〈박하사탕〉은 시작된다. 영화는 죽음에 뿌리를 두고 줄기와 잎새, 혈관을 찾아가는 과정을 그려낸다.

3. 〈노킹 온 헤븐스 도어〉—그 결말에서부터

바다에 닿은 두 사내가 절명한다. 노을은 아름답다. 비극적이지 않다. 바다를 보지 못한 사내들의 삶. 한 번도 조명받지 못한 인생이었으리라. 어쨌든 그들은 우여곡절 끝에 바다에 닿았다. 그들에게 바다는 절대인 어떤 것, 선택이 아니라 맞닥뜨릴 수밖에 없는 죽음의 숙명에 순응하기 위해 찾아가는 곳이다.

그들이 신에게 받은 선물은 뇌종양과 골수암이다. "노킹 온 헤븐스 도어, 노킹 온 헤븐스 도어." 젤리그는 강렬한 사운드로 주제 음악을 연주해 낸다. (이 영화는 밥딜런의 명곡 'Knockin on heaven´s Door'를 모티브로 탄생되었다.) 그들은 왜 천국의 문을 두드리는 것일까. 이승에서 혜택 받지도 못한 그들에게 천국은 없다.

이 영화는 아무 것도 강요하지 않는다. 죽음도 심각하지 않다. 그저 죽기 전에 바다를 한 번 보고 싶은 것 뿐이다. 그들에게 희망은 한낱 뜬구름일 뿐. 그저 데킬라를 마시며 천국에 맞닿은 바다 앞에서 숨을 거두는 일, 그들이 할 수 있는 유일한 것이다.

4. 다시 〈박하사탕〉—죽음의 동반자

사흘 전, 사내는 모든 것을 털어 권총 한 자루를 산다. 하지만 아무도 죽이지 못하고 돌아온다. 돈 떼어먹고 도망 간 친구 놈, 깡통 차게 한 증권회사 직원, 사채업자, 이혼하고 애 데리고 나가버린 마누라. 내 삶에 결정적인 영향을

끼친 그들이지만 죽음에 동승할 동반자는 없다. 이미 자신
과 무관한 사람이 되어 있다.

그날 밤, 그 사내 김영호에게 한 낯선 사람이 찾아온다.
윤순임. 잊고 있었던 이름으로 그의 첫사랑이다. 죽어가는
사람의 마지막 소원으로 그를 보기를 원한다는 것이다. 박
하사탕 한 봉지를 쥐어 주고 그녀의 임종을 보게 된다. 그
런데 왜 하필이면 박하사탕일까. 이미 오래전의 군것질거리
로 전락되어 잊어버린 과자 이름.

감독은 이 영화를 통해 한국 현대사의 질곡 속에서 사
람들의 모습이 어떻게 변화되어 가는지를 보여주고자 했다.
이때 박하사탕은 좋은 매개물이다. 코카콜라와 햄버거가
자본주의 문화 침략의 상징이 듯이. 50년대는 껌과 초콜릿

으로, 70년대는 박하사탕으로 대변된다. 윤순임 그녀가 하루에 천 개씩 싼다는 박하사탕과 1977년 제1회 대학가요제의 대상곡인 '나 어떡해'가 수미상관의 형식 속에 자리를 잡은 것 또한 475·386 세대들에겐 필연이다. 어쨌든 김영호에겐 저승길 동무가 생긴 것이다.

5. 〈노킹 온 헤븐스 도어〉─바다를 향해

〈박하사탕〉, 죽음의 동반자 찾기에 비해 이 영화는 한결 수월하다. 병원에서 이미 불치병 선고를 받은 두 사람. 병실에서 우연히 데킬라 한 명을 갖게 되고 주방에서 소금으로 안주를 대신한다.

"해변에선 짜릿한 소금내 바람은 파도에 씻겨지고, 뱃속

은 무한한 자유의 따사로움으로 가득차네. 입술엔 연인의
눈물 젖은 키스가 쓰게만 느껴지네. … 바다 앞에서 넌 소
외감으로 겉돌 거야."

　"그럼 안 되지. 무슨 좋은 수가 없을까?"

　아, 바다를 보지 못한 그들의 바다를 향한 질주. 그리고
그들에게 벤처와 백만 달러를 빼앗긴 조폭. 이 엉뚱한 여행
의 시작은 죽음이 존재의 마지막이란 철학적 명제가 아니
라 그저 공포일 뿐이라는 주인공의 대사를 확인시켜 준다.
죽음 앞에서 그들은 결코 비장하지 않다. 살아온 짧은 생

에 대한 회한, 참회나 반성을 강요하지 않는다. 곧 죽을 그들 앞에 놓인 백만 달러. 이 돈으로 이제 뭘 하지?

블랙코미디는 무거운 것은 가볍게, 진실을 얘기하면서도 비틀어서 우스꽝스럽게 보여준다. 잘 만든 블랙코미디라면 그 가벼운 웃음을 따라 별생각 없이 가다 보면 어느새 자신도 모르게 눈물이 고여 있음을 보게 된다. 이 영화는 처음부터 끝까지 그런 코드로 일관한다.

6. 〈박하사탕〉─삶은 아름다운가

기차는 다시 1994년 여름으로 거슬러 간다. 기찻길 옆 국도의 승용차도 함께. 설경구의 능청과 순간순간 변화하는 표정 연기가 압권이다. 증권을 하고, 친구와 동업을 하고, 집들이 식탁 앞에서 장시간 궁상맞은 기도를 해대던 아내의 바람 피는 현장을 잡고, 잠시 후 그도 사무실 여직원과 습관처럼 카섹스를 하고…. 일상은 너무 권태롭다. 모두 다 허공을 붕붕 떠다닌다. 이 현장엔 도덕적 규범이나 질서는 없다. 모두가 떠밀려 갈 뿐이다. 그리고 식당에서 한 사내를 만난다.

"요즘엔 어느 경찰서에 다니세요?"

그는 전직 경찰? 화장실에서 만난 그에게 아직도 삶은 아름다운 것이냐며 옛 얘기를 꺼낸다.

기차는 다시 과거로 간다. 1987년 봄.

그는 노련한 고문 경관이다. 역시 습관처럼 고문을 하고 짜장면을 시켜먹고 회식을 한다. 그들에겐 고문도 일상의

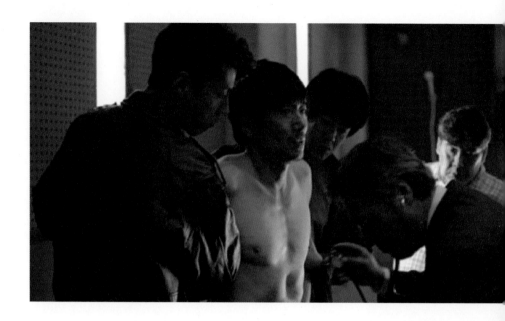

노동일 뿐이다. 그들에게도 내일은 있을 것인가. 회식 자리에서 노래를 부른다. 김수철의 '내일'을 부르는 그들의 공격적이고 자조적인 몸짓은 슬프다.

"스쳐가는 은빛 사연들이 밤하늘에 가득차고…. 흘러 흘러 세월 가면 무엇이 될까. 한 송이 꽃이 될까. 내일 또 내일."

그렇다. 그들도 꿈꾼다. 압제와 권위로 가득 찬 세상에서 너희들이 자유를 꿈꾸듯이, 너희를 고문하는 우리에게도 꿈은 있다. 그래, 삶은 아름답다. 정말이니? 묻고 싶다. 더럽게도 삶은 아름다우니?

7. 〈노킹 온 헤븐스 도어〉 — 천국의 시작

난생 처음 비싼 호텔에 든 그들. 팁을 뿌리고 음식과 술

을 시키고…. 이젠 뭘 하지? 살날이 얼마 남지 않은 그들에게 백만 달러는 너무 큰돈이야. 그래, 생각나는 대로 적어 보자. 너무 많아. 언제 이걸 다 하지. 그들은 단 한 가지 소원을 말하기로 한다. 내 소원 한 가지는 엄마에게 캐딜락을 사드리는 거야. 앨비스가 엄마에게 선물했다는 차를 몇 년 전 TV를 보면서 알았어. 엄마는 눈물을 흘리시더군. 좋아. 그럼 너는? 두 여자와 함께 잠자는 것.

그들에게 죽음은 거창하지 않다. 백만 달러는 죽음을 앞둔 촌놈에겐 너무 큰돈이다. 그렇다고 해서 무슨 자선기금을 낼 처지도 아니다. 그저 포르노 속의 부러움이던 두 여자와의 섹스가 현실로 다가왔을 뿐이다. 이 소박하고 천진한 소원들은 은행을 턴 돈으로 사 입은 양복 색상이 맘에 들지 않는다는 투정과 동일하다.

에피소드의 연속인 이 코미디는 관객들을 인식하고 사유하게 내버려두지 않는다. 우리들 마음속에 내재되어 있는 복합적인 사고들을 단순하고 무식하게 직조해 낸다. 이것이 이 영화를 만든 토마스 얀 감독의 천재성이다. 그 천재성들은 곳곳에서 불쑥불쑥 튀어나온다. 경찰차를 탈취해 쫓기다가 그 차의 고장으로 다른 사람의 차로 바꿔 타는 장면의 얼토당토 않은 행위가 이 영화 속에선 설득력을 얻는다. 계속 반복되는 말도 되지 않는 상황에도 불구하고 결코 삼류 영화로 빠지지 않는다.

경찰의 헬기는 바보같이 차를 도둑맞은 늙은이를 체포하기 위해 동원된 소도구에 불과하다. 감독은 여기서 턱없는 애국심이나 영웅심들을 무참히 코미디로 만들어 버린다. 어쨌든 그들은 바다를 향해 간다. 길가에 나붙은 바다를 그린 그림 앞에서도 발길을 떼지 못하는 그들에게 바다는 이미 하나의 종교이며 천국의 시작이다.

8. 〈박하사탕〉―아직도 광주는 있는가

다시 1984년. 그는 신참 경찰이다. 아직 고문을 해보지도, 회식 자리에서 익숙하게 젓가락을 두드리지도 못한다. 조금씩 경찰이 되어간다. 기성의 때를 묻혀 가지만 아직은 우리 시대의 질곡을 여유있게 헤쳐가기엔 턱없이 부족하다. 처음으로 운동권 학생을 고문하고 자백을 받아낸다. 그것은 시대가 그에게 강요한 통과의례였다.

이날 윤순임이 찾아왔다. 묻고 물어서.

"아까부터 영호 씨가 아닌 딴 사람 같았는데 손을 보니까 영호 씨 맞네요. 좀 뭉툭하고…. 참 착하게 보이는 손."

영호는 음료수를 내온 종업원의 허벅지를 더듬으며,

"내 손 참 착하죠?"

그는 애써 순수의 틀을 깨뜨린다. 어차피 세상은 그런 것이니까. 그날 그는 광기의 몸짓을 보인다. 선술집에서의 회식을 박살내면서 내재된 광기를 토해낸다. 그런 광기는 어디서 왔을까.

1980년, 광주. 그는 그곳에 투입된다. 시민군과의 마지막

교전 속에서 다리에 총상을 입는다. 그리고 오발로 인해 여고생을 죽인다. 그의 죽음에 맞닿아 있는 한 소녀의 죽음. 그의 죽음의 뿌리는 그곳에서 시작한다. 이 영화의 실질적인 뿌리에 해당하는 이 장면의 표현에서 너무나 아쉬움이 남는다. 심리적 동요를 일으켜 오발을 할 상황이 연출되지 않았는 데도 소녀를 죽게 한 것은 이 영화의 완성도에 흠결을 남기지 않았나 싶다.

광주, 그 슬픈 광란이 한 사람의 인생을 어떻게 변화시키는지. 아니, 이미 오래전 일로 잊혀져 버린 그날의 일들이 아직도 우리의 삶을 통제하고 관여하다니. 그렇다. 아직도 광주는 현재진행형이다. 그보다 훨씬 이전인 한국전쟁이 진행형이듯. 역사는 따로 존재하지 않는다. 오늘이 바로 내일의 역사이기 때문이다.

9. 〈노킹 온 헤븐스 도어〉―천국의 주제

그들은 어차피 죽는다. 뇌종양을 앓는 사내가 길 위에 쓰러진다. 그는 어차피 죽겠지만, 바다에 함께 가야 하는 절체절명의 동반자다. 그래서 골수암의 사내는 약국에서 권총으로 위협하며 진정제를 사온다.

죽음은 곧 온다. 그러나 천국의 문 앞에서 함께 최후를 맞이해야 한다. 그러기 위해서는 중간에 체포되어서도 안 된다. 때로는 인질인 척하기도 한다. 바다가 가까이 다가올 무렵, 동원된 바보들의 행위는 점입가경에 이른다.

그들을 추격하던 조폭들과 경찰들의 맞총질은 웃음보를

터뜨리게 하지만, 수만 평 옥수수밭을 가로지르며 질주하는 자동차 씬은 관객들에게 무한한 카타르시스를 선사한다. 〈주유소 습격사건〉에서 철가방들과 경찰의 충돌 장면은 이 영화와 무관하지 않았으리라.

수만 평 옥수수밭을 거침없이 질주하며 수놓은 그림은 그들이 세상에서 꿈꾸었던 것들의 마지막 표현이 아니었을까. 초록빛은 생명의 향연이다. 마지막을 장식할 바다의 햇덩이와 놀의 붉은 빛을 위해 의도적으로 준비된 강렬한 빛의 대비다. 이 옥수수밭에서 경찰을 따돌리고 엄마에게 줄 선물 캐딜락을 산다. 바가지를 씌운 자동차 매매상은 그들에게 "머저리들!" 하며 비웃는다. 두 사람은 거꾸로 매매상

의 입을 통해 세상의 모든 똑똑한 이들을 향해 머저리라고
비웃어준다.

비 오는 밤, 집 뜰에서 주인공 틸 슈바이거는 어머니에게
캐딜락을 선물한다.

"멋지구나. 참 아름다워. 그런데 내겐 면허가 없단다. 너
도 앨비스가 아니잖니."

이런 장면에서처럼 순간순간 변화하는 내면 연기는 그에
게 제20회 모스크바영화제 최우수상을 선사한다.

카메오로 출연하는 룻거 하우어(가장 최근에 출연한 영
화 중 국내에 개봉한 영화로는 〈터뷸런스 3〉가 있다)는 관
객들에게 말한다.

"천국에서는 주제가 하나야. 놀이 질 때 불덩어리가 바
다로 녹아드는 모습은 정말 장관이지. 유일하게 남아있는
불은 촛불 같은 마음속의 불꽃이야."

그들은 마침내 닿았다.

"두려울 것 하나도 없어."

죽음은 그들이 애초에 말한 공포도 아니다. 그저 데킬라
한 병 들고 마주선 한 발자국 앞일뿐이다. 예견된 자에게도
예견되지 않은 우리에게도.

"…노킹 온 헤븐스 도어 노킹 온 헤븐스 도어…"

우리는 노래한다.

10. 천국의 문 앞에서

우리는 너무 오래 할리우드 영화에 길들여져 왔다. 이 영

화는 독일·네덜란드·벨기에 3국의 합작이다. 이 한 편의 영화로 유럽 영화의 특징을 말할 수는 없지만, 흔치 않은 기회이므로 권해보고 싶다.

마틴과 루디, 그들은 천국의 문 앞에서 행복했다. 천국행을 예비하기 위해 어머니에게 캐딜락을 선물했으며, 한 병의 데킬라도 준비했다. 앞을 가로막던 장애물들을 자신의 힘으로 해치우고 마침내 바다와 마주 선 것이다. 어쩌면 영영 듣지 못 할 뻔했던 파도 소리를 들으며 아름답게 절명할 수 있는 그들만의 시간을 얻었으므로.

죽음이 예정된 삶을 체험해보지 않은 사람이 그들을 말할 순 없다. 수많은 생각들이 교차하는 순간들을 어떻게

그려 낼 수 있을까. 고통스럽지 않게, 너무 부산스럽지 않게 적당한 웃음과 비애를 버무리면서 한 편의 영화 속에 녹여 낸 솜씨에 박수를 보내고 싶다.

거기에 비해 김영호는 결코 행복하지 못했다. 그를 버린 세상을, 적응하지 못했던 자신을 저주하며 거대한 망나니 인 기차에 충돌하여 산산이 부서져 버리고 싶었다. 그래서 우리는 김영호가 살아온 시대를 함께 짐지며 이 영화를 볼 수밖에 없다.

이창동이란 걸출한 감독과 함께 배우 설경구를 만난 건 기쁨이다. 설경구가 연기한 김영호는 풀꽃을 찍고 싶어 했

던 순수한 청년이었으며, 공포에 질린 군인, 노련하고 포악하며 허무한 이중적 인간이기도 했고, 마침내 자신을 저주하며 광기 속에서 죽어가는 사람이기도 했다.

그가 연기해 낸 인간의 다면성은 바로 우리 자신의 모습이다. 극장을 나오면서 고통 속에서 해방의 감동을 준 영화는 많지 않다. 〈박하사탕〉은 그런 의미에서 기념비적인 작품임에 틀림없다.

릴케는 「말테의 수기」에서 수많은 사람들이 살기 위해 찾아온 도시 파리의 거대함에서 죽음을 본다고 했다. 생명의 재생을 위한 병원은 차라리 그에겐 죽음의 공장이었다. 릴케는 죽음의 거울을 통해 거꾸로 생을 비춰보고 싶었던 것이다.

별똥별은 죽으면 우리들 세상으로 온다. 책들 속에 빼곡히 쓰인 말씀들은 우리를 지배한다. 그것은 대개 죽은 자의 말씀이다. 그렇다. 죽은 자가 산 자를 지배한다. 그들을 탐구하는 것이 문학이다. 이것들의 탐구 없이 어찌 생이 바로 서기를 원하겠는가. 내게서 잊혀진 것들의 주검은 또 어디에 묻힐 것인가.

산 자들의 영원한 테마인 죽음, 그것은 생을 더 치열하게 사랑하라는 또 다른 잠언이다. 생이 끝나는 곳에 죽음의 시작이 있다. 영화 속 대사처럼 주제는 하나다. 마음의 불꽃을 갖지 못한 자에겐 생도 죽음이며, 죽음 앞에 맞닥뜨린 생일지라도 타는 불꽃을 가졌다면 천국은 늘 열려 있을 것이다.

영화 속 숨은그림찾기
—카메오, 두 소설가의 영화 나들이

카메오는 재미있는 영화 보기를 위해 감독이 설정해 둔 숨은그림찾기다. 이 재미를 만끽하기 위해서는 관객들도 어느 정도의 집중력이 요구된다. 이때 졸거나 화장실을 다녀오면 영화 값의 절반은 손해를 본 것이다.

고정관념을 뒤집어 흥행에 성공한 영화 〈황산벌〉에선 전혀 코믹하지 않을 것 같은 두 사람이 카메오로 나온다. 정보 수집차 신라에 왔다가 전라도 사투리가 튀어나와 발각되는 두 백제 밀정이 그들이다. 군복 차림의 어수룩한 얼굴을 자세히 보면 신현준과 김승우다. 주인공을 맡은 박중훈과의 술자리 도중, 김승우의 취중 발언에 의해 카메오 출연이 이뤄진 것이라 한다. 두 주연급 배우의 단역 출연으로 인해 원래 기획한 웃음 코드를 제대로 살릴 수 있었다. 이 영화를 함께 본 내 친구는 그들이 나온 기억이 없다고 한

다. 그것은 주연답지 않은 '바보' 역할에 충실했다는 반증이다.

카메오(Cameo)의 원 뜻은 '양각으로 조각한 모조 보석(큐빅) 혹은 연체동물 껍질 안에 들어 있는 단단한 보석'으로 풀이된다. 흔히 '관객의 시선을 단번에 끌 수 있는 단역 출연자'라는 의미로 널리 사용된다.

영화감독 히치콕은 자신의 영화엔 반드시 카메오로 출연하기로 유명하다. 그 출연이 잘 되었니 못 되었니 하며 논란거리를 제공하지만, 그만큼 의외의 재미를 준다. 할리우드 영화 〈바닐라 스카이〉에선 야구 모자를 쓰고 수염 더부룩한 한 낯익은 중년 사내가 바람둥이 재벌 데이빗(톰크루즈)에게 "생일 축하한다. 자식아!"라는 대사를 날린다. 그 저 낯익은 사내라고 지나가는 순간, 그 장면이 머릿속에 남는다. 극장을 나올 때쯤이면 "아하! 스필버그!"하고 빙긋 웃게 된다.

이처럼 카메오는 잘 알려진 얼굴을 선택하지만, 때로는 영화의 격과 관객과의 일정한 긴장감 유지를 위해 잘 드러나지 않은 얼굴을 등장시키기도 한다. 본인의 뜻도 있겠지만, 함께 작업한 동료로서의 우정과 예우의 표현으로 감독이 출연을 요청하기도 한다.

이 경우 대표적인 한국 영화로 하길종 감독의 〈바보들의 행진〉과 임권택 감독의 〈축제〉를 들 수 있겠다. 이들 영화에선 원작자인 최인호와 이청준이 각각 등장한다. 최인호는 대학축제 행사의 하나로 벌어지는 술 먹기 대회에 심사위원

으로, 이청준은 오정해에게 몇 잔 술을 받아먹는 점잖은 문상객으로 등장한다. 소설가의 얼굴을 모르는 관객이야 그저 그런 장면에 지나지 않겠지만, 그들을 아는 사람은 그만큼의 재미를 얻어간다.

우리 소리를 주제로 하여 또 다른 지평을 연 연작들 〈서편제〉에서부터 〈축제〉, 〈천년학〉에 이르기까지 임권택 감독과 함께 한 이청준은 2008년 7월 31일 우리 곁에서 떠났다. 그리고 내게 영원한 청춘의 형님으로 기억된 최인호 역시 2013년 9월 25일 영면하였다. 그는 영화와도 뗄 수 없는 족적을 남겼다. 〈바보들의 행진〉을 함께 한 하길종, 〈별들의 고향〉, 〈어제 내린 비〉의 이장호, 〈고래사냥〉, 〈깊고 푸른 밤〉의 배창호 등 7080세대 혹은 그 이전 세대에까지 많은 영감을 선사한 시대의 풍운아였다.

영감을 공유하는 이들의 작업은 명편으로 남는다. 최인호와 함께 작업한 영화인들은 방황하던 시대 청년 문화의 기수들로 70~80년대 변혁의 욕구를 대중 속으로 끌어들이기 위해 의기 투합했고, 이청준과 임권택 감독은 우리 것과 사라지는 것들에 대한 관심과 애정이란 꼭짓점에서 만나 의미 있는 문화 욕구를 충족시켜 주었던 것이다.

이들 동반자들을 통해 보면 카메오는 단순한 우정 출연이 아니라 영화의 질적 향상을 위한 필연적인 선택이기도 하다. 이 두 사람을 카메오로 등장시킨 것은 원작자에 대한 사랑과 존경의 표현이라 할 것이다.

영화 속에 펼쳐지는
축구의 향연

월드컵, 다시 축구의 계절이 왔다. 아무리 생각해도 그해 2002년은 특별했다. 해방을 보지 못한 나로서는 그보다 감동적인 기억은 없다. 해방이야 절망에서 희망을 찾는 것이지만 그날의 월드컵은 달랐다. 우리 역사에서 그토록 모든 국민을 하나 되게 했던 흥분과 감동의 축제는 일찍이 없었기에 말이다. 그런 짜릿함을 남은 생애에 다시 만날 수 있을까. 있다면 통일이 되는 날이 아닐까 싶다.

그렇다. 이미 실감했듯이 축구는 단순한 스포츠의 한 종목이 아니다. 대륙 간 자존심 경쟁이며, 국가 간 화해와 분쟁의 씨앗이 되기도 한다. 70년 멕시코월드컵 예선은 온두라스와 엘살바도르의 전쟁을 낳은 대표적인 예다. 100시간 전쟁이라고도 불리는 이 전쟁은 국경 문제, 이민자 문제 등으로 쌓인 감정이 축구경기로 폭발한 것이다.

　문제의 시작은 온두라스와 엘살바도르의 멕시코월드컵 지역 예선 1차전이었다. 1차전은 온두라스가 1：0으로 이겼는데, 홈 경기인 온두라스의 팬들이 엘살바도르 선수들이 묵고 있는 호텔 앞에서 소란을 피워 잠을 못 자게 한 것이 원인이 되었다. 중요한 것은 이 경기의 결과로 엘살바도르에서 한 소녀가 자국의 패배에 격분해서 권총을 자기 머리에 쏴 자살하는 사건이 벌어진다. 2차전은 다시 엘살바도르의 3：0 승리. 결국 멕시코에서 열린 3차전에서 엘살바도르가 출전권을 따내게 된다. 마침내 1969년 7월 14일, 엘살바도르는 선전포고를 하고 전쟁을 시작한다.

　이처럼 축구는 예기치 못할 사건을 낳기도 하고, 세계사에서 오점을 남기기도 한다. 반면 남북한 간엔 축구 단일팀

으로 화해와 동질감 확인을 확인하는 계기가 되기도 하였
다. 이처럼 축구는 스포츠를 넘어 정치이며 엄연한 세계사
임을 알 수 있다.

현재 미국에 맞설 수 있는 가장 강력한 대항마는 무엇일
까? 나는 축구라고 말하고 싶다. 세계를 지배하는 미국이
지만 축구만큼은 선진국이 아니다. 애써 이를 외면하고 있
는 것처럼 보이기도 한다. 이런 미국에 대해 여타의 나라들
은 축구라는 단일 코드로 대항한다.

거대한 시장인 미국에 축구를 진출시키기 위해 축구황
제 펠레는 코스모스 팀에서 선수생활을 하기도 했다. 미국
프로축구는 유럽에서 활약한 유명 선수들이 은퇴를 준비
하는 무대가 되기도 한다. 여자축구월드컵을 개최하여 우
승까지 거머쥐었지만, 아직은 미국과 축구는 잘 연결되지
않는다.

축구와 관련한 영화는 그리 많은 편이 아니다. 당연하다.
미국에서 비인기 종목인 축구를 할리우드가 좋아할 리 없
다. 주성치의 〈소림축구〉는 홍콩에서, 〈피버 피치〉와 〈천리
마축구단〉은 영국에서, 〈교도소 월드컵〉과 〈보리울의 여름〉
은 한국에서, 〈The Cup〉은 호주에서, 〈그들만의 월드컵〉은
영국과 미국이 공동 제작했다. 이밖에도 이십여 편의 영화
가 검색되는데 〈소림축구〉를 제외하면 크게 히트한 영화가
없고, 영화사를 장식한 기념비적인 영화는 더욱 없다.

할리우드 제작 영화로 굳이 얘기하자면 존 휴스턴 감독
의 〈승리의 탈출〉을 들 수 있겠다. 그러나 기실 이 영화도

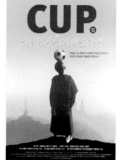

축구 영화라고 하기엔 조금 무리가 따른다. 축구를 소재로한, 자유를 향한 몸부림을 그린 영화이기 때문이다.

독일 겐스돌프에 있는 연합군포로수용소의 포로들은 축구로써 기분 전환을 하게 되고, 나치는 이를 계기로 그 호승심을 한껏 자극하고 싶어 한다. 서로 동상이몽으로 출발한 시합을 위해 수용소 안의 탈주위원회에서는 다른 수용소에 있는 전직 축구선수들을 끌어 모은다. 군계일학도 있지만 조직력이라곤 찾아볼 수 없는 오합지졸들의 집합체였다. 독일 정예팀과 포로들의 조합은 처음부터 게임이 되지 않는다.

주인공을 맡은 실베스터 스탤론과 축구는 그림이 잘 그려지지 않는다. 권투선수 '록키'로 기억되는 그이기에 더욱 그러하다. 당연히 헛발질을 해대는, 실력에 있어서는 꽝이다. 그도 그럴 것이 그의 목적은 축구가 아니라 탈출이기 때문이다.

제일 마지막 장면은 이 영화의 백미다. 어쩌다 기싸움에서 이긴 스탤론이 독일 선수의 페널티킥을 멋지게 막아내자 흥분한 관중들은 바리케이트로 가로막힌 포위망을 뚫고 탈출한다. 이 영화는 당시 축구를 매개체로 감동과 스릴을 안겨준 수작으로 기억되고 있다. 그러나 정작 나는 다른 관점에서 이 영화를 흥미 있게 보았다. 평소 축구에 관한 관심이 조금 다른 관점에서 보게 한 원인이었다.

이 영화엔 축구 전도사 펠레와 영국 축구의 레전드 보비무어, 78년 아르헨티나월드컵 우승 멤버 오스발도 아르데티

스가 포로측 선수로 등장한다. 펠레는 공격수 본능을 발휘하여 현란한 발기술과 오버헤드킥을 보여주었고, 보비 무어는 자신의 포지션인 수비수 역할을 하며 영화의 재미를 보여 준다. 그들은 "축구가 있는 곳이면 어디든 달려간다"는 신념을 보여주기라도 한 듯 열연하였다.

이 부분은 한일월드컵 때 한국과 스페인과의 4강 결정전과 흡사하다. 두고두고 기억을 되새김질하는 이운재와 호아킨의 승부차기가 연상되는 장면이다. 이운재가 호아킨을 막아내고, 한국의 마지막 키커 홍명보가 골인을 시키면서 붉은 물결은 전국을 뒤덮었다.

영화에서도 스탤론이 페널티킥을 막아내자 관중들은 물밀 듯 밀려나오고, 독일 경비병들은 망연자실 한다. 연합군 포로들은 탈출을 위해 온갖 방법들을 동원했지만 성공하

지 못했다. 이 시합을 피하지 않고 정공법으로 끝내면서 군중들과 함께 감격적인 탈출에 성공한다.

또 하나 축구와 영화가 연결되는 명화가 있다. 사실 이 영화는 축구와는 전화 관계없어 보인다. 단 한 장면 축구장이 등장할 뿐이다. 하지만 축구는 중요한 매개체로 작용한다. 그 유명한 소피아 로렌의 대표작 〈해바라기〉다.

때는 제2차 세계대전, 지오반나(소피아 로렌)의 남편 안토니오(마르첼로 마스트로얀니)는 전쟁터로 가고 얼마 후 전사통지서를 받는다. 하지만 같은 부대에서 제대한 군인으로부터 전사가 아니라 누군가에게 구조되었다는 소식을 듣고 러시아로 찾아간다. 기차 창으로 보이는 해바라기 들판은 처연한 아름다움으로 다가온다.

천신만고 끝에 모스크바 변두리 지역에 이탈리아 인들이

함께 모여 살고 있다는 말을 듣고 찾아간다. 그는 돌아오지 못하고 현지에서 새부인 마샤와 함께 한 아이의 아버지로 살고 있다. 결국 지오반나는 다시 발길을 돌려 밀라노로 돌아온다.

이 줄거리로 보면 대체 이 영화가 왜 축구와 연관을 짓느냐고 의아해 할 것이다. 기억력에 자신 있는 분이라면 옛적 기억의 테이프를 되돌려 보라. 영화 후반부 러시아에서 돌아온 안토니오는 지오반나에게 전화를 건다. "밀라노에 왔다"고.

이탈리아의 밀라노는 유명한 축구 도시다. 프로구단 'AC밀란'과 '인터밀란'이 연고지로 있는 도시다. 하긴 이 정도를 가지고 이 영화와 축구의 연관은 지나치다고 느낄 수 있다. 그러나 나중 모스코바에서 제일 먼저 남편을 찾아 간 곳이 축구장이라면 이해가 갈 것이다. 다시 말해서 밀라

노에 살 때 그는 축구를 즐기는 청년이었고, 모스코바에서
도 자연스럽게 축구장을 찾아갔을 것이라고 짐작케 한다.

결국 그녀는 함성 가득한 축구장에서는 남편을 찾지 못
한다. 그리고 우여곡절 끝에 남편을 만났으나 그는 이미 마
샤의 남편으로 살고 있음을 알게 되고 먼 길을 되돌아온
다. 이 영화의 주 무대인 밀라노, 그리고 먼 이국 러시아에
서 가장 먼저 찾아간 축구장.

그렇다. 이 영화 〈해바라기〉에서 표 나지 않지만 축구는
이런 등식으로 존재한다. 축구에 관심 없는 사람이라면 이
런 행간을 읽긴 쉽지 않다. 굳이 알아야 할 필요는 없지만,
안다면 더 재미있게 볼 수 있는 것이 영화가 아니겠는가.

4년마다 열리는 월드컵은 전 지구인을 미치게 한다. 여
기 거론한 영화들은 이럴 때 볼만한 영화라고 생각되어 권
해본다.

병원 안 환자와 병원 밖의 환자, 〈레지던트〉와 〈뻐꾸기 둥지 위로 날아간 새〉

근래 제주지검장이 관음증에 빠져 못된 짓을 하다 발각되었다. 이는 갇힌 곳을 대변하는 감옥이나 정신병동이 아니라도 이런 현상은 도처에 존재함을 보여주었다. 우리 사회에서 지식인의 자기 부정이 어느 정도인가를 극명히 드러낸 사례가 아닌가 한다.

수사가 진행될 때 그의 부하직원들은 내심 별일 없기를 기대했을 것이다. 그런데 CCTV는 그런 기대를 송두리째 날려버렸다. 검찰로서는 정말 허망하고 잔인한 영화적인 결말이었다. 이런 증후군은 관음증의 일종으로 봐야 한다.

〈밀리언 달러 베이비〉, 〈소년은 울지 않는다〉로 아카데미 여우주연상을 수상한 힐러리 스웽크가 주연한 영화 〈레지던트〉는 관음증을 다룬 영화다. 범죄까지는 아니더라도 사람에겐 이런 본능이 있다.

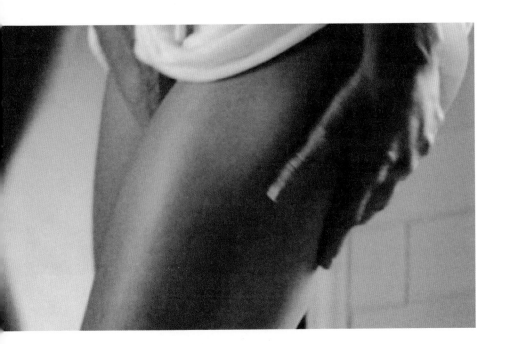

문득 건너편 아파트에 비치는 야릇한 실루엣을 보게 된다면 다음날도 커튼 뒤에서 혹시나 하며 그런 순간을 기다리지 않을까. 반대로 누군가가 훔쳐보는 듯한 소름 끼치는 기운을 느낀다면 그 일상은 어떠할까.

그녀에게 일어나는 알 수 없는 일을 위해 문제의 CCTV는 그 열쇠를 풀어준다. 집은 우리에게 가장 안전한 안식처다. 안락하고 행복이 샘솟는 집에서 방심한 틈을 비집고 들어온 관음의 범죄, 지금 이곳, 내게서도 일어날 수 있는 일임을 영화는 보여준다.

조금 다른 이야기지만 정치권에선 간혹 뻐꾸기론이 대두되기도 한다. 구주류들은 신당파들을 뻐꾸기에 비유하면서 뻐꾸기론을 전가의 보도처럼 사용한다. 뻐꾸기는 남의 둥

지를 빌려 알을 낳는다. 둥지의 주인인 멧새나 종다리들은
제 알인 줄 알고 열심히 부화시킨다. 새끼들은 차츰 자라면
서 둥지의 원 주인이 낳은 알들을 밀어내고 어엿한 주인 행
세를 한다. 한마디로 뻐꾸기론은 굴러온 돌이 박힌 돌을 빼
는 형국을 일컫는다.

정치를 말하지 않지만 짐짓 정치적 상관관계가 떠올려지
는 영화가 있다. 지배자와 지배의 그늘에 신음하는 사람들
을 보여주는 영화로 〈뻐꾸기 둥지 위로 날아간 새〉가 생각
난다. 이 둥지는 정신병원이다.

주인공 맥머피(잭 니콜슨)는 어린 여자를 강간하고 기타
폭력도 저지른 잡범 수준의 질이 나쁜 범죄자이다. 이런 녀
석들이 흔히 그렇듯 짱구를 굴려 감옥보다는 병원이 더 편
안하리라 생각하고 이곳으로 오게 된다. 정신병 환자가 아
닌 녀석의 눈에 비치는 병원은 고요하다 못해 표백된 듯한

백색의 공간이다. 엄격히 짜여진 시간, 가운과 복도, 냉담한 간호사와 태엽에 감긴 환자들. 맥머피가 본 고요는 자극과 반응을 잃어버린 해체된 인간의 파편들이다. 소통을 용납하지 않는 단절된 절대적인 공간이다. 억압의 주인공은 간호사 레취드(루이스 플레쳐)로 대변되지만, 기실 더 큰 폭력은 병원이라는 구조적 성역에 다름 아니다.

환자들은 짜여진 폭력, 그런 제도에 순응하는 약자의 모습으로 길들여져 있다. 맥머피는 이들에게 상실된 본성을 되찾아주려 애쓰지만 실패하고 만다. 그들이 무엇을 원하고 있고, 또 그것을 관철시키기 위해 대항해야 한다는 걸 보여주고 싶어 한다. 이처럼 세상은 참 묘하게도 돌아간다. 아이러니하게도 나쁜 놈 맥머피는 끊임없이 식물인간들에게 인간이 되어야 한다고 일깨운다. 이 기묘한 휴머니즘은 이 영화에서도 꽤나 설득력 있게 펼쳐진다.

　병동엔 평소 못 들은 척, 말 못하는 척하는 거구의 사내
(윌 샘슨)가 있다. 그는 인디언 추장으로 한때 이 땅의 주인
이었으나 지금은 사회의 부적응자일 뿐이다. 세계사로 포장
된 당연하고도 거대한 폭력 앞에서 어떻게 해 볼 수 없는
존재가 바로 인디언 추장인 것이다. 장면은 많이 흘러 맥머
피가 다시 스크린에 등장할 때, 그는 환자들보다 더 무력한
식물인간으로 변모되어 있다.

　영화 속 맥머피는 둥지를 떠나지도 불태우지도 못했다.
이 영화가 개봉되던 1975년 그때의 우리나라에도 금서를
읽는 사람들과 요주의 인물들은 쥐도 새도 모르게 어디론
가 잡혀가곤 했다. 위험한 맥머피들이 잡혀간 곳은 작은 뻐
꾸기 둥지였고, 둥지 밖 세상도 바람에 휘청이는 큰 둥지에
다름 없었다. 그리고 지난한 세월을 거쳐 그 폭압의 병동을

걸어 나와 민주화를 쟁취했다.

명우 마이클 더글러스와 마틴 핑크가 공동 제작하였고, 사상 두 번째로 아카데미 톱 5개 부문을 수상했다. 마이클의 아버지 커크 더글러스가 주인공을 탐냈을 정도로 개봉 전부터 화제가 된 영화였다. 밀로스 포먼 감독은 밀란 쿤데라의 제자다. 이 영화와 관련된 일화들은 너무도 많다. 하지만 이 글에서 그것들을 다 말할 필요는 없다.

다만 우리들에게 중요한 것은 지금 우리들의 세상, 둥지의 모습이 궁금할 뿐이다. 저만치 정신을 내몰고 마음에 헛불을 켜고 사회를 곁눈질하는 사람들을 보는 일은 유쾌하지 않다. 외치는 사람들을 바라보는 외치지 않는 사람들, 결코 그들이 거세된 존재는 아닐 것이다. 그들 속에서 레취드는 여전히 존재한다. 다만 빛깔이 다른 립스틱을 바르고 소매 속에 길게 기른 손톱을 감춘 채 우릴 지배하고 있다.

영화에서 다 채워주지 못한 의문은 소설에서 풀 수 있다. 2009년 민음사에서 변역한 책을 읽으면 단절된 작은 공간은 이야기를 풀어나가는 은유에 불과했음을 알 수 있다. 영화에선 그저 말없는 거구(권위를 잃은 추장)로 설정되었지만, 소설에선 전반을 풀어가는 나레이터로 나온다. 즉 그의 눈에 비친 폭력과 박제된 새들이 구체적인 모습으로 드러난다. 지구촌을 지배하는 폭력의 주체는 미국이며, 미국의 역사 아래 힘없이 짓밟힌 가장 큰 피해자는 인디언이었다고 말해준다.

상실의 시대를 건너는 영화,
〈축제〉와 〈아비정전〉

어느 해 7월, 가까운 이를 저 세상으로 보내고 제주를 찾았다. 장맛비 속에서 오름을 오르다 바람에 쓸려 깨어진 새알들을 보았다. 나의 세상이 안녕하지 못하여 찾아온 곳에서 또 다른 생명들의 죽음을 보았다. 아직 가을은 멀었는데 새들도 세상을 떠나고 있었다.

거짓말처럼 장국영이 죽고 얼마 후였다. 친구와 함께 용눈이오름을 오르면서 나는 〈아비정전〉(1990)의 유명한 대사, "1분간을 함께 나누었으므로 그 시간은 영원하다"를 떠올렸다. 그렇다. 영원도 순간의 짧은 교감일 뿐이다.

이 영화에서 장국영은 음울하고 퇴폐적이다. 고독과 상실, 제어 불가능한 권태에 몸부림치는 현대인의 내면을 연기하였다. 다리가 없어, 집을 짓지도 땅에 내리지도 못하고 지친 날개를 퍼덕이며 끝없이 하늘을 날아야 하는 발 없는

새 '아비'는 바로 자신이었다. 그래서 발로 내리지 못하고, 몸으로 지상에 부딪혀 이승과 작별하였다.

　임권택의 영화 〈축제〉(1996)에서 오정해가 연기한 용순은 비새에 비유된다. 영화 속 유명 소설가인 준섭(안성기)은 자전적 소설을 통해 가족 구성원들을 구체적으로 묘사

하고 있다.

　　용순은 준섭의 이복조카이다. 어머니는 술집 작부였고,

아버지는 술병으로 일찍 세상을 뜬 주인공의 형이다. 이런 환경을 견디다 못해 집안의 돈을 훔쳐 가출한다. 공장에 취직하기도 하고, 나중에는 술집을 떠돌기도 한다.

그녀는 한 집안의 둥지 밖을 맴도는 한 마리 '비새'로 비유된다. 비새는 남의 둥지를 빌려 알을 낳는, 그래서 둥지 밖을 맴도는 가여운 새다. 할머니의 장례식은 이 떠도는 비새를 구성원으로 인정하고 섞이게 하는 통과제의, 즉 생의 향연임을 따뜻한 시각으로 보여준다.

장국영의 자전적 인물 '아비' 그리고 오정해가 열연한 '용순', 그들은 누구나 인정하는 구성원의 한 사람이 되고 싶었지만 운명적으로 떠도는 신세였다. 세상은 원하든 원하지 않든 내가 처한 현실만큼만 누릴 수 있다. 물론 용순은 마지막 가족사진을 찍는 장면에서 극적으로 가족 구성원의 하나로 화해한다.

숲의 지배자인 새들도 그들 나름의 세계에선 치열한 생존경쟁을 한다. 한날한시에 부화한 새끼라도 어미의 먹이를 제대로 받아먹지 못하는 새끼는 도태되고 만다. 우성인 자가 아니면 살아남을 수 없는 상실의 시대, 그 영원한 현실이 그곳에 있다. 하긴 우리에게 안식을 주는 숲인들 다르랴. 식물의 평화는 우리의 시각일 뿐이다. 식물은 더 공격적이다. 먼저 햇빛을 향해 나아가는 놈이 숲을 지배한다. 빛이 드문 곳에선 벌레를 잡아먹는 식충식물이 되어서라도 생을 영위한다.

왜곡된 현실을 허무는 영화, 〈내일을 향해 쏴라〉

사람들은 묻는다.

"수많은 영화 중에 당신이 가장 좋아하는 영화는?" 하고 말이다. 내 취향은 거의 잡식성이다. 할리우드의 블록버스터나 제3세계권, 한국 영화 등등 기회가 된다면 특별한 편견 없이 보려 한다. 굳이 나의 취향을 밝힌다면 가장 영화적인 설정, 다시 말해서 세상을 거꾸로 보여줌으로써 내 앞의 삶을 다시 보게 하는 영화들이 좋다. 물구나무서서 보는 풍경은 이질적이고 생소하다. 하지만 엄연히 지금 내 곁에 존재하는 것들이다.

난 지금 B. J Tomas의 'Raindrops keep Falling on my head'를 듣고 있다. 톡톡 떨어지는 빗방울과 정겨운 음악, 곧바로 유쾌한 갱영화 〈내일을 향해 쏴라〉(1969)와 주연 배우 폴 뉴먼과 로버트 레드포드가 자연스레 떠오른다.

　　조지 로이 힐 감독이 만든 이 영화의 원제목은 〈Cassidy
And The Sundance Kid〉다. 1890년대 실존했던 미국 서
부 은행 전문 털이범이다. 그들은 범법자다. 그런데 왠지 이
영화에선 악당처럼 보이지 않는다. 그 이유는? 내일은 없지
만 심각하지 않으며, 은행을 털면서도 사람을 해하지 않는

인간적인(?) 갱으로 그려지기 때문이다. 오히려 갱이란 선입
관을 버리면 소탈하고 친근한 이웃처럼 다가온다.

　두 배우는 갱답지 않게 코믹하게, 때론 서정적인 일면을
드러낸다. 보스 격인 부치는 사람은 좋으나 총 솜씨는 별로
인 반면, 선댄스는 총 솜씨는 좋지만 그다지 영리해 보이진
않는다. 이런 상보관계를 바탕으로 티격태격하며 벌이는 두
배우의 우스꽝스런 모험이 버디 영화의 고전이 되었다.

　나의 뇌리에 깊게 각인되어 있는 장면들이 있다. 아름다
운 주제곡을 배면에 깔고, 부치의 애인 에타(캐스린 로스)
를 태운 자전거가 넘어지고, 구르는 바퀴에 햇살이 잘게 썰
어지는 장면, 토벌군에 쫓겨 절벽에서 뛰어내려야 할 상황
에서 갱답지 않게 "난 수영 못해!"하며 당황해하는 장면,
볼리비아 군을 향해 승산 없는 돌진을 감행할 때 결말을

보여주지 않고 스틸 사진으로 처리한 라스트신 등은 선명한 기억으로 남아있다.

　이 영화는 전설적인 갱을 소재로 삼았지만, 그들이 결코 영웅적 모험을 실천한 것이 아님을 보여준다. 오히려 다소 우스꽝스럽고 어처구니없는 얼뜨기 갱을 보여줌으로써, 과장된 사실을 허물어버리는 영화적 특성을 보여준다. 바로 물구나무서서 세상을 보면 우리가 늘 보던 세상이 꼭 진실만은 아니라는 생각을 갖게 해준다. 전설은 대체로 과장되거나 왜곡되어 있다. 이런 선입견을 되돌려 놓는 영화, 난 이런 영화에 매력을 느낀다.

영화 〈하하하〉와 함께 떠나는 통영 여행

홍상수 감독의 영화 〈하하하〉는 전편을 통영에서 찍었다. 김상경이 유준상을 만나 우연히 비슷한 시기에 두 사람이 통영을 다녀왔음을 알게 된다. 얘기 한 토막에 막걸리 한 잔씩을 건배하며 영화가 진행되는데, 김상경의 나레이션으로 시작하는 첫 장면은 서울 청계산, 이 장면을 빼곤 순전히 통영이 배경이다.

풍경은 물론이고 등장하는 인물도 주연급을 빼곤 거의 통영 사람들이다. 현장 학습 나온 학생, 지나가는 사람, 시낭송회 참석자, 연극을 구경하는 관객들이 그렇다. 이제 본격적으로 영화 속으로 들어가서 통영 여행을 떠나보자.

1. 윤여정이 경영하는 복국집

제일 먼저 '호동식당' 간판이 나온다. 김상경의 어머니

윤여정이 경영하는 복국집이다. 조선소에 근무한다는 김민
선을 처음 만난 곳도 이곳이다. 통영엔 먹거리도 많다. 싱싱
한 생선회와 해물탕, 매운탕은 물론이고 특산물로 통영꿀
빵, 멍게비빔밥 등이 유명하다.

이 복국집은 통영여객선터미널 맞은편 서호시장 안에 있
다. 새벽시장이 유명한데 온갖 어구들과 어물을 파는 전통
시장이다. 저녁에 한잔 하다 보면 아침엔 해장을 하고 싶어
지는데, 이곳에서 시원한 복국 한 그릇이면 딱이다. 유준
상의 후배 시인(김강우)은 "이 집에서 제일 비싼 걸로 주세
요" 한다. 그렇다면 통영 복국 가격은 어떻게 형성될까?

복　　국 : 11,000~13,000원

복매운탕 : 13,000원

복　　찜 : 대 40,000원, 소 30,000원

복 수 육 : 대 50,000원, 소 40,000원

2. 통영시 향토역사관

통영시 향토역사관은 세병관 입구에 있다. 이곳에 들어
서자 관장(기주봉)님께서 "난 공식 영정보다 이 그림이 더
맘에 들어"하신다. 그리고 떠드는 사람들을 호통 치는 장
면이 나오는데, 실제 이 분은 향토사 연구가로서 통영에 대
한 애정과 자부심이 대단하다.

전시관엔 선사시대 유물에서부터 12공방 공예품까지 전
시되어 있고, 벽면엔 통영 출신 예인들의 사진들이 걸려 있

다. 유치환, 윤이상, 김상옥, 박경리, 김용주, 김용익, 전혁림
등의 얼굴이 보인다.

3. 세병관

그리고 김상경이 문소리를 만나는 곳이 바로 세병관(국
보 제305호)이다. 선조 37년(1604)에 완공한 통제영의 중심
건물로서 창건 후 약 290년 동안 3도(경상·전라·충청) 수
군을 총 지휘했던 곳이다. 앞면 9칸·옆면 5칸 규모의 웅장
한 건물인데, 당시 화공들이 천장화를 그렸다. 영화 촬영 당
시엔 단층을 하기 전이라 고색창연한 모습으로 나온다.

통영이란 이름은 통제영에서 비롯되었다. 이 통제영은
일제강점기 때 민족정기 말살정책으로 100여 동의 관아

가 모두 헐리었다. 1995년 복원계획이 수립되어 2013년 8월 14일 복원 완공되어 구국안보문화의 원천이 되고 있다. 문소리는 문화관광해설사 역할이다. 이곳에는 늘 해설사가 상주하며 단체 관광객들에게 친절하게 해설을 해준다.

4. 한산도행 여객선

통영여객선터미널에서 한산도까지는 약 30분이 소요된다. 도남동에서는 한산도, 소매물도, 장사도로 가는 유람선이 있다. 한산도는 이순신 장군의 삼도수군통제영 본영이 있었던 곳으로, 곳곳에 한산대첩과 관련한 이름과 유래들이 전해지고 있다.

한산도에는 이 충무공과 관련된 지명들이 많다. 이를 테

면 해갑도(충무공이 갑옷을 벗은 곳), 고동산(망을 보다가 적이 쳐들어오면 고동을 불었다), 염개(군사용 소금을 굽던 곳), 문어포(왜적이 길을 물었다) 등등.

이 외에도 한산대첩과 관련한 마을 이름은 많다. 이렇게 섬의 지명을 따라 일주를 하면 또 다른 섬의 맛과 멋을 느낄 수 있다. 이처럼 통영은 어디를 가나 이 충무공의 흔적을 찾아볼 수 있다.

가까운 곳에 한산대첩비가 있다. 영화 속에는 제승당에서 참배하는 모습이 나오고, 김상경이 수루에 올라 충무공의 시조 한 수를 읽는다. 장군복을 입은 김영호가 과녁을 향해 활시위를 당기는 포즈를 취하는데, 이곳이 한산정이다. 여기서 장군께서 활쏘기 연습을 했다.

4. 나폴리모텔과 중앙시장 그리고 동피랑

유준상이 묵었던 나폴리모텔은 통영 중심가에 있다. 도심의 허리까지 바다가 들어온 곳에 위치하는데 모텔 옆에는 중앙시장이 있고, 뒤에는 벽화마을 동피랑이 있다. 문소리가 사는 집도 동피랑 마을에 있다. 통영엔 동피랑, 서피랑이 있다. '피랑'이란 말은 '깎아지른 절벽'이란 뜻으로, 옛적 이곳에 망루를 세워 유사시를 대비하였다. 동피랑엔 동쪽을 보는 망루인 동포루가 복원되어 있다.

모텔 앞 바다는 강구항이라고 하는데, 유준상이 예지원에게 우산을 받쳐준다. 그 길을 따라 100m쯤 가면 문화마당으로, 그 앞에 거북선과 판옥선이 떠 있다. 이 영화에서는 보이지 않는다. 출향인이나 노인들은 강구항보다는 '윤선머리'라고 해야 더 잘 안다. 윤선머리는 여수에서 출발하여 통영 거쳐 부산가는 배가 닿던 여객부두였다.

　잠시 배가 닿으면 손님들의 요기를 위해 김밥 아주머니
들이 배에 올랐는데, 잘 상하지 않게 한 것이 오늘날의 충
무김밥이다. 김에 싼 밥 따로, 반찬 따로 하여 종이에 싼다.
반찬은 쭈꾸미와 무김치를 삭혀 만든다.

　중앙시장은 통영의 대표적인 전통시장이다. 각종 어물전
이 있고, 즉석에서 회를 쳐서 초장집에서 먹는다. 일 년 내
내 관광객의 발길이 끊이지 않는데, 주로 이곳에서 멸치를
비롯한 건어물을 사 간다. 김상경과 예지원이 시장통에 앉
아 순대를 먹는 장면도 이채롭다.

5. 시 낭송회와 극단 벅수골

　통영항이 내려다보이는 한 카페에서 시 낭송회가 열린
다. 유준상과 예지원도 이 모임에 참석한다. 모인 사람들은
통영문협 사람들 몇 분이고, 시 낭송을 하는 사람은 통영에

서 활동하는 강재남 시인이다. 통영은 자타공인 예향이기에 이런 모임도 종종 열린다.

그리고 문소리와 김상경이 연극 구경을 하는 곳은 중앙로 12번지에 있는 통영극단 '벅수골' 극장이다. 한국 근대 연극의 선구자라고 불리는 동랑 유치진이 연극의 씨앗을 뿌렸기에 연극 자긍심 또한 높다. '벅수골' 대표 장창석 씨와 단원 박승규 씨의 얼굴도 보인다.

6. 보지 않고 쓰는 영화 이야기—〈휴일〉(1968년)

〈하하하〉와는 별개로 보지 않고 쓰는 영화 이야기 하나. 영화 〈휴일〉은 한 번도 본 적이 없는, 아니 볼 기회가 없었던 영화다. 중앙일보에 연재했던 신성일의 자서전 『청춘은 맨발이다』가 아니었으면 그런 영화가 있은 줄조차 몰랐다.

〈휴일〉은 1968년(전옥숙 제작, 이만희 감독) 세상에 나왔으나 극장엔 걸리지 못했다고 한다. 내용은 삶을 사랑하지만 끝내 절망에서 헤어날 수 없는 한 가난한 청춘의 하루

동안의 일상을 그린 영화란다.

군사정권 시절 "주인공이 취직하거나 군에 가는 것으로 결말을 내라"고 당국에서 요구했지만, 제작자인 충무로의 여걸 전옥숙 여사는 상영 포기라는 장렬한 전사를 택한다. 결국 "희망을 전하지 않는 영화"란 편견 속에서 상영금지된 어처구니없는 시대의 사생아였다. 신성일은 전옥숙 여사를 일러 "사회주의적 시각을 가진 사람"이라고 표현했지만, 내가 보기엔 "리얼리즘에 천착한 영화인이면서 영화적 진실에 다가가려고 했던 사람"이라 생각된다.

그리고 2010년 5월, 홍상수 감독이 〈하하하〉를 개봉했다. 앞서 보았듯이 이 영화는 통영의 통영에 의한 통영을 위한 작품이다. 그는 지역을 말하면서도 노골적으로 지역 홍보성 영화를 만들지 않는다. 〈강원도의 힘〉이 그랬고, 경주와 춘천을 오가며 찍은 〈생활의 발견〉도 마찬가지다. 그것이 홍상수 영화의 특징인데, 유독 이 영화만은 전혀 달랐다. 어떤 연유에서일까? 의문은 풀리지 않았다.

홍상수답지 않은 의외성과 의문은 이 영화 〈휴일〉에 관한 얘기를 읽으면서 풀어졌다. 연합영화사 대표 전옥숙 여사는 통영 출신으로 홍상수 감독의 어머니였다. 결국 통영은 홍상수 감독의 외가가 있는 곳인데, 잠재된 애정이 〈하하하〉로 태어났던 것은 아닐까. 물론 내 추론이 형편없이 빗나갈 수도 있다. 하지만 어쨌든 그렇게 연관지어도 상관은 없지 않은가. 영화란 어차피 가상현실이니까.

오늘 하루도

다시 못 만날지 모르니

하루치 인사를 미리 해 두죠

굿 에프터눈,

굿 이브닝,

굿 나잇!

ㅡ영화 〈트루먼 쇼〉 중에서

제3부

때로는
헤매다 길을
잃어도 좋다

〈명량〉을 잇는 '한산대첩', 블록버스터를 기대한다

1,700만 명이란 전무후무한 기록으로 한국 영화사를 다시 쓴 영화 〈명량〉은 이제 새로운 도전을 예고하고 있다. 김한민 감독은 8월 16일 통영을 찾아 "〈명량〉에 이어 한산대첩도 영화화하여 이순신 장군의 생애를 완성하겠다"고 하였다. 과연 그의 바람대로 후속편은 제작될까. 전편의 성공은 늘 다음 작품엔 부담이 된다.

나는 울돌목을 여러 차례 가 본 적이 있다. 물론 울돌목을 보러 간 것이 아니라 진도와 해남쪽으로 여행을 하면서 근처 식당에서 밥을 먹으며 안간힘으로 물살을 거슬러 올라오는 배들을 보곤 했다. 영화로 인해 이곳은 다시금 조명받고 있다. 해남과 진도 사이의 좁은 해협인데 워낙 물살이 세다보니 물살이 운다고 하여 울 명(鳴), 돌 량(梁)이 합쳐져 명량(鳴梁)이라 이름했다고 한다.

　장군께서는 백의종군 이후 단 12척의 배로 왜선 330척과 싸움을 해야 했으니 지형을 이용할 수밖에 없었다. 결국 이곳을 근거로 하는 어부들의 정보가 중요한 구실을 했다. 명량대첩은 이런 지형적 특성을 십분 활용한 대첩이었고, 영화는 절반의 시간을 그 해전 신에 투자했다.

　그러나 실제 이곳에서 영화를 찍진 못했다. 전남 광양에서 대형 세트를 제작하고, 바다를 오가며 촬영했다고 한다. 그 이유는 해남과 진도를 잇는 대교가 있고, 해협의 급물살은 영화를 촬영하기엔 어려움이 따라 어쩔 수 없었다고 한다. 그에 비해 한산대첩은 이곳 현장에서 찍을 수 있다는 장점이 있다. 우선 이 바다엔 장애물이 없다. 한산대첩은 견내량(통영과 거제를 통과하는 좁은 바다) 해협을 피

해 나와 넓은 한산 앞바다로 유인하여 학익진으로 궤멸한 대첩이었기 때문이다. 그러므로 전투 장면을 찍기엔 안성마춤이다. 또한 통영엔 거북선 모형이 있다. 엔진이 장착된 배에 거북선 치장을 하였기에 실제 운행이 가능하다. 거기에다 판옥선도 한 척이 있어 이들 자원들을 활용하기에 용이하다.

명량대첩이 12척이란 열악한 환경에서 거둔 대첩이라면, 한산대첩은 준비된 군단과 군단이 맞붙어 이긴 대첩이었다. 우리가 기대하는 것은 〈명량〉에서보다 더 큰 규모의 해전이 볼거리를 제공해 줄 것이란 믿음 때문이다.

실제 통영시의 한산대첩축제의 하이라이트는 당시의 감격을 맛보게 하는 재현 행사에 초점이 맞춰진다. 판옥선과 거북선, 해군 함정이 벌이는 재현 행사는 짜릿한 감동을 선사한다. 포성과 축포가 터지면서 바다는 한산대첩의 그날로 돌아간다. 현대화 된 전투 모습이지만 해군 함정에 판옥

선의 옷을 입히면 곧바로 당시의 상황을 연출할 수 있다.

이순신 통제사의 군선은 한국 전투 역사상 가장 잘 준비된 정예부대였다. 비장의 최신 무기인 거북선을 비롯하여 주력선인 판옥선, 보급선으로 구성된 80여 척의 대선단을 자랑했다. 한마디로 철저한 준비 끝에 탄생한 조선 수군이었던 것이다. 대규모 조선 군단과 왜선들이 한산 앞바다에서 겨루는 전투 장면을 상상해 보라.

일본군은 당포(고성)에 진을 치고 조선군은 견내량에 진을 친다. 일본 정탐선이 조선군의 선공을 알리면서 대거 본진이 뛰쳐나왔고, 조선군은 못 이기는 척 달아나며 한산 앞바다로 유인한다. 그들이 전속력으로 30리를 따라왔을 즈음 조선군은 학익진으로 날개를 펼쳐 에워싼다. 견내량은 200여 척의 배들이 맞붙기엔 너무 협소하다고 판단하여 유인책을 써서 한산 앞바다로 나와 일진을 겨뤘던 것이다.

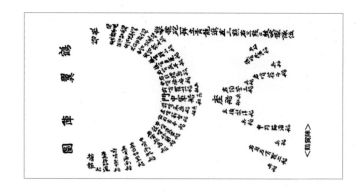

일본군은 "아차!"하였지만 이미 늦었다. 조선군의 대형 총통이 불을 뿜는다. 1592년 7월 8일, 이 매복작전은 왜선 73척 중 59척을 격침시켰고, 9천 명의 왜군을 수장시킨 엄청난 대첩이었다. 임란 발발 3개월, 수개월 간 일본의 침략에 짓밟혔던 조선은 이로써 새로운 희망을 본 것이다.

이 장면은 영화적으로도 매우 볼만하리라 생각된다. 우선 학익진이란 진법을 영화 속에서 구현한다면 재미있는 장면이 될 것이다. 학익진은 학의 날개를 펼친 듯 적을 에워싸 궤멸시키는 진법이다. 적을 한산 바다로 유인하여 U자 형태로 포위 섬멸하였는데, 이는 80여 척의 대 선단이 없었다면 구상할 수 없는 진법이다. 조선의 판옥선은 사각형의 배로 날렵한 배에 비해 이동은 쉽지 않았지만, 4면에 장착된 화포가 선회하면서 계속 발사할 수 있는 장점이 있었다.

통영 바다에 떠 있는 거북선과 판옥선에 들어가 보면 당시 격군들의 노고를 알 수 있다. 이 배엔 요즘 배처럼 창문이 별로 없다. 화포가 장착된 구멍을 제외하면 바람이 통할 곳이 없다. 병사들은 차치하고라도 그 더운 음력 7월의 삼

복더위 속에서 노를 젓는 격군의 노고를 생각해 보라. 지문
은 닳아 없어졌을 것이고, 짓물러 터진 손바닥엔 다시 굳은
살이 돋았을 터였다.

세계적으로 유명한 진법으로는 제갈량이 사마의를 맞아
싸운 팔괘진, 한니발을 맞아 맞선 로마군의 다이아몬드진
법과 일자진, 그리고 이순신의 학익진이 있다. 이순신 장군
은 조선의 진법들을 독서를 통해 많이 연구했다고 한다. 직
진·예진·방진·학익진·곡진 등 여러 진법들을 미리 연구해
두지 않았다면 23전 23승이란 승리를 거둘 수 없었으리라.

아무리 진법이 훌륭해도 훌륭한 관리자와 숙련된 병사
가 없으면 무용지물이다. 한산대첩에는 뛰어난 지휘관과 정
예군, 잘 정비된 배들과 화포가 있었기에 가능했다. 〈명량〉
에서 보여주지 못한 이런 장면들을 볼 수 있다면 한산대첩
의 성공도 절반은 예비되어 있다. 충분히 무장된 조선과 일
본의 수군이 진검승부를 펼친 해전 그리고 통쾌한 결말, 영
화 '한산대첩'이 기다려지지 않는가.

'만약, 어쩌면, 혹시나'
김홍도를 영화화한다면

'만약, 어쩌면, 혹시나' 이런 단어들은 문학이나 영화 속에선 최고의 가치로 평가된다. 하지만 역사를 기록하는 사관들에겐 가장 불필요한 말들이기도 하다. 상상력은 예술가에겐 최고의 재산이지만, 사실의 기록을 담당하는 사관들에겐 버려야 할 목록 제1호인 까닭이다.

'기운생동(氣韻生動)', 단원 김홍도를 영화화한다는 소식이 들리다가 쑥 들어가고 말았다. 안타깝다. 김홍도는 오언 장승업과 함께 영화화해보고 싶은 인물임에 틀림없다. 그들은 체통에 얽매이는 귀한 신분이 아니었으므로 비교적 생활이 자유분방하였고, 활동 영역과 교유의 폭이 넓었으리라 생각된다.

저잣거리가 주 무대였지만 화원 출신인 까닭에 궁궐 출입을 하기도 하는 등 삶의 공간은 넓고 다양하였다. 무엇보

다도 가장 매혹적인 부분은 이들의 생애가 정확하게 기록
되어 있지 않다는 점이다. 기록의 여백이 많은 생애는 작가
에겐 무한한 상상력의 확장을 가져다준다.

임권택 감독은 〈취화선〉에서 장승업의 최후를 '어쩌면?'
이란 상상력으로 결말지었다. 신을 가지런히 벗어두고 도자
기 굽는 가마 속으로 걸어간 한 화인의 생애. 그 마침표는
다소 과장되었지만 감독은 신화성을 가진 화가로 기억되기
를 열망한 듯하다.

그에 비해 김홍도를 영화화 한다면 '만약에?'란 상상력
을 바탕으로 만들어질 가능성이 크다.

일본의 역사 한 페이지에 불꽃처럼 나타났다 사라진 화
가가 있었다. 그 이름은 샤라쿠다. 에도시대 풍속화가로

1794년 5월 갑자기 나타났다가 10개월의 기간 중 140여 점의 그림을 남기고 홀연히 사라진 인물이다.

만약 이 인물이 바로 김홍도라면? 이런 가정은 단원의 말년 기록이 없을 뿐더러 두 화가의 화풍과 화법이 유사하다는 데서 근거한다.

두 사람이 동일인이라는 것은 포항공대 이영희 교수가 처음 주장하여 화제를 모은 바 있다. 그의 주장에 의하면 김홍도는 정조에 의해 일본의 병기를 그려오라는 밀명을 받은 스파이였다는 것이다.

실제 역사 속에서 단원은 스파이의 임무를 수행한 적이 있다. 1788년 스승 김응환(金應煥)이 정조의 명을 받고 몰래 일본의 지도를 그릴 임무를 띠고 떠날 때 그를 수행하여 부산까지 갔는데, 김응환이 병으로 죽자 홀로 쓰시마 섬(對馬島)에 가서 일본 지도를 모사(模寫)해 가지고 돌아온 사실이 있다. 풍속화를 그린 화가였으니 일상의 모습을 그리는 것은 익숙하였고, 손놀림 또한 빨랐을 것이니 충분히 상상해 볼 수 있는 개연성이 있다.

'만약, 어쩌면, 혹시나' 같은 의문들은 역사 속 사실을 뒤집어보게 한다. 이런 가정 하에서 김홍도의 영화를 만들어 본다면 흥미진진할 것이라 생각된다.

김기덕,
베를린과 베니스가 인정한 감독

2012년은 한국 영화계가 기억해야 할 해이다. 칸영화제, 베를린국제영화제와 더불어 세계 3대 영화제로 꼽히는 베니스국제영화제에서 김기덕 감독의 〈피에타〉가 '황금사자상'을 수상하였기 때문이다.

영화계의 이단아로 불리는 감독이기에 그 수상은 더욱 의미 있다. 물론 이전에도 그의 수상 경력은 꽤나 화려한 편이다. 2004년 독일 베를린국제영화제에서 〈사마리아〉로, 역시 2004년 이탈리아 베니스국제영화제에서 〈빈 집〉으로 연이어 감독상을 수상하였으니 그리 놀랄 일은 아니다. 이로써 한국 영화 역사상 최초로 3관왕(비공식 부문)을 달성한 감독이 되었다.

이런 화려한 경력에 비해 그의 영화를 싫어하는 사람도 많다. 왜일까? 누구에게나 호불호가 있지만 이처럼 극명히

갈리는 경우는 흔치 않다. 이유는 김기덕 특유의 어둡고 푸른 공포와 상상 그 이상의 폭력 때문이리라.

① 한 사내가 있었다. 그의 구역은 한강 다리 밑이다. 어느 날 강에 몸을 던진 한 여인을 구한다. 툭하면 구타하고 겁탈하듯 그녀를 취한다. 그리고 그녀를 버린 남자를 찾아 잔인하게 복수를 한다. 이제 여인은 천천히 물속으로 걸어가 죽고 만다. 사내는 수중에 만든 자신의 방에서 나란히 앉아 함께 죽는다.

② 녀석에게 한 여대생이 찍혔다. 다짜고짜 거리에서 데이트를 즐기는 여대생의 입술을 뺏는다. 군인들에게 뭇매를 맞지만, 며칠 후 급기야 그녀를 사창가에 끌고 가 팔아버린다.

양아치 녀석은 그녀가 창녀의 삶에 익숙해지는 모양을 지
켜보며 살아간다.

③ 호수 위에 스티로폼을 띄워 만든 작은 집의 낚시터.
낚시꾼과 티켓 아가씨들, 그녀들을 뜯어먹고 사는 남자. 개
구리를 잡아 손으로 뜯어 새 모이로 주고, 살점을 발라낸
뼈만 앙상한 고기를 바다에 살려주는 낚시꾼, 주렁주렁 달
린 낚시 바늘을 삼키며 자해하는 사내와의 섹스, 이 여과
없는 가학적 장면들의 연속인 화면.

김기덕 감독은 관객을 벼랑 끝으로 내몬다.

①은 데뷔작 〈악어〉이며, ②는 〈나쁜 남자〉, ③은 〈섬〉이
다. 이런 소름끼치는 처절함이야말로 우리가 익숙하게 보아

온 김기덕식의 사랑이었다. 그가 보여준 맹목적일 만큼의
실험과 열정은 이렇듯 광기와 폭력을 동반하고 있었다.

스크린은 늘 푸른 어둠이었으며 슬프고 외로웠다. 한강
다리 밑(《악어》), 사창가(《나쁜 남자》), 몸 파는 여인숙(《파란
대문》), 외딴 낚시터(《섬》), 개 잡는 후미진 언덕(《수취인 불
명》), 단절된 해안 마을(《해안선》), 가학적인 꿈(《실제 상황》)
등의 무대가 그의 공간이었다.

하지만 그는 〈봄 여름 가을 겨울 그리고 봄〉을 통해 서
서히 닫힌 세상과의 소통을 시도하였고, 마침내 따뜻이 건
넨 화해의 악수는 〈사마리아〉로 결실을 맺었다. "이 영화
는 원조교제에 나선 여고생을 종교적 관점에서 그린 것으

로, 죄에 관한 용서와 이해의 이야기"라고 자신은 말한다.

혹자는 그런 그가 재미없어졌다고 말하기도 하지만, 베를린국제영화제와 베니스국제영화제가 인정한 감독이 되었고, 대작 영화의 틈바구니 속에서 저예산 영화계의 진정한 총아로 거듭난 것이다.

그리고 다시 〈피에타〉로 김기덕식의 강점으로 '황금사자상'을 수상하는 쾌거를 이루었다. 이런 그의 영화가 기다려지는 것을 보면 내게도 잠재된 폭력성이 있긴 있나 보다.

휴머니티 소유자,
장애인 연기에 대한 갈채

수능시험 스타일로 문제를 내보기로 한다. 다음 열거하는 배우 문소리, 이범수, 나애심, 숀 펜, 더스틴 호프만, 안소니 퀸 들에 관한 내용 중 틀린 것은?

㉠ 연기에 대해선 둘째가라면 서러워 할 연기파 배우다.
㉡ 얼굴로 승부할 수 있는 미남미녀의 전형은 아니다.
㉢ 자신의 일을 사랑하고, 철저한 프로 정신으로 무장되어 있다.
㉣ 장애인 역할을 탁월하게 소화해냈다.

정답은 '없다'이다.

㉡에서 의견이 분분할 수 있다. 누구나 관점에 따라 미인과 미남의 전형은 다를 수 있기 때문이다. 그러나 눈치

빠른 독자라면 무엇을 얘기하기 위해 이런 문제를 냈는가
는 어렵지 않게 찾아내리라 생각된다.

삼십대 중반의 철없어 보이는 아저씨, 실제 나이는 12세,
취미는 '처키' 비디오 반복해서 보기. 바로 영화 〈오! 브라
더스〉에서 조로증(早老症)을 앓는 환자를 연기한 이범수의
캐릭터다.

문소리는 〈오아시스〉에서 뇌성마비를 앓는 중증장애인
역할로 제59회 베니스국제영화제 신인배우상과 제23회 청
룡영화제 신인연기상을 수상했다. 이 영화에서 그녀의 연기
는 관객들에게 인내를 요할 만큼 사실적이다.

숀 펜은 〈아이 엠 샘〉에서 일곱 살의 지능을 가졌지만,
타고난 부성애만큼은 정상인과 다르지 않는 눈물겨운 아버
지를 연기해냈다. 1996년, 2000년에 이어 2002년에도 아카
데미 남우주연상 후보로 올랐으나, 번번이 트로피는 그를
피해갔다.

자폐증이 우리에게 대중적으로 알려진 계기는 역시 더스
틴 호프만의 영화 〈레인 맨〉(1988)을 통해서다. 한 가지 생

각에 얽매인다거나 숫자에 관한 비상한 기억력 등을 보여줌
으로써 자폐증이 간단치 않은 질환임을 알려주기도 했다.
두말할 것도 없이 더스틴 호프만이 아니면 소화하기 어려
운 역할이었다.

그렇다면 이제 두 배우가 남았다. 안소니 퀸은 그 유명한
영화 〈노틀담의 꼽추〉에서 꼽추 콰지모도를 연기해냈다. 너
무나 사실적인 분장과 연기로 가까운 이들마저 쉽게 동일
시하지 못했다는 일화가 있을 정도였다.

「과거를 묻지 마세요」의 명가수 나애심은 〈백치 아다
다〉(1956)에서 아다다 역을 맡았다. 이 영화는 초창기 한
국 영화사에서 장애인을 등장시킨 몇 안 되는 영화로 기
억되고 있다.

연기력에 신뢰를 주지 못하는 배우는 장애인을 연기할
수 없다. 이런 배역을 소화해 낸 배우라면 일단 연기력만큼
은 검증된 것이다. 더불어 풍부한 휴머니티의 소유자라고
믿어도 좋지 않을까.

영화와 사건,
그 심리적 연쇄반응

　　10년 전쯤 화성 여대생 실종사건이 있었다. '화성'이란
죄 없는 지명 때문일까. 인정하기 싫지만 예전의 화성 연쇄
살인사건을 떠올리지 않을 수 없다. 미제로 끝난 연쇄살인,
영화 〈살인의 추억〉, 여대생 실종사건, 이런 등식은 매우 자
연스런 상상의 전이다. 모방 범죄는 아니라고 하지만 완강
히 부정하기엔 뒤끝이 개운치 않다.

　　영화 속의 단서는 '비 오는 날'이었고, 증거는 '팬티에
묻은 정액'이었다. 수사관들의 수사기법은 감과 자백에 의
존하는 구시대적 방식에 머물러 있었다. 심지어 피의자의
신 밑창을 흙에 찍어 증거를 조작하기도 한다.

　　그러나 맨 후반부엔 과학수사가 동원된다. 바로 증거물
인 '팬티에 묻은 정액'의 DNA 감식이다. 당시로는 미국에
보내어 결과를 기다릴 수밖에 없었는데. 결국 피의자의 것

과 동일하지 않다는 결론에 미제로 남고 만다.

2004년 화성 여대생 실종사건은 역시 대대적인 수사에
도 불구하고 현재까지 미제사건으로 남아 있다. 이 사건의
대표적인 단서는 그녀의 청바지와 티셔츠에 묻어 있던 주름
조개풀이다. 10~30㎝, 높이에 8~10월경 꽃을 피우며. 열매
가 들어 있는 작은 이삭은 점액성분이 있어 옷에 잘 붙는
성질을 갖고 있고. 음지와 나무 그늘에서 군락형태로 자란
다. 와우리 공단버스정류장 주변 야산은 주름조개풀의 군
락지라고 한다.

이와 함께 실종 여대생이 탄 버스기사와 함께 내린 여인
에 대해 최면수사를 했다고 한다. 당시 보도를 통해 보면
이 사건은 〈살인의 추억〉과는 달리 치밀한 과학수사의 냄

새를 풍기고 있다. 이 사건의 공소시효 종료일은 2019년 10월 27일이다.

헤리슨 포드 주연 영화 〈도망자〉에선 도망자의 현 위치 파악을 위해 공중전화의 녹음 내용을 수차례 분석한다. 수사관들은 전화 내용보다는 전화기 속에서 들려오는 주변음에 귀를 기울인다. 전철이 지나가는 소리, 다음 정거장을 알리는 안내방송 등을 통해 범인의 위치를 파악한다.

주름조개풀과 전화 속 주변음은 공히 단서를 제공한다. 최면도 그리 낯선 것은 아니다. 다소 과장되었지만 영화 〈올드 보이〉에서 범죄를 구성하는 요소로 등장한다. 복수를 위해 우진(유지태)은 오대수(최민식)와 그의 딸(강혜정)의 근친상간을 위해 최면을 건다. 오래 최면에 걸린 그들은 처음 만

나 서로를 원한다.

　매우 설득력 있는 개연성이다. 물론 〈올드 보이〉와 여대생 실종사건에서 쓰인 최면은 상반되지만, 원하는 결과를 위해 동원된 기법은 동일하다. 현대사회는 이것과 저것의 경계가 모호하다. 이 모호성이 아이러니하게도 경계라는 말을 낳는다. 영화와 범죄는 서로 긴밀히 연결된다.

　영화가 사건을 낳고 사건이 영화를 낳는다. 제발 〈살인의 추억〉을 모방한 범죄들이 일어나지 않기를 빈다. 자살이 자살을 낳는 흉흉한 시대에 사건이 사건을 낳는 심리적 연쇄반응만은 일으키지 말았으면 한다.

영화는 영화다,
〈부러진 화살〉 그 이후를 보며

영화는 영화다. 그 이상도 이하도 아니다. 영화는 어디까지나 영상으로 옮긴 허구의 예술이므로 관객은 보고 즐기면 그만이다. 다만 그로 인해 생기는 사회적 파장은 어쩔 수 없다.

로버트 레드포드와 더스틴 호프만이 주연한 〈대통령의 음모〉를 보고 워터게이트 사건의 숨겨진 이야기에 주목하기도 하고, 올리버 스톤이 감독한 영화 〈JFK〉를 통해 케네디 암살에 관한 또 다른 관점을 엿보기도 한다. 그러나 그것은 어디까지나 감독의 입장이지 검증된 사실 혹은 진실 그 자체는 아니다. 재미를 주면서 생각해 보게 하고 돈도 벌고 싶은 것이 영화를 만든 목적이다.

개봉 첫날 영화 〈부러진 화살〉에 관한 감상문을 쓴 적이 있다. 그래서인지 요즘 이 영화 이후에 오는 여러 상황들에

눈길이 간다. 관객 100만 명을 돌파하면서 그 사회적 파장이 만만치 않다. 시사평론가 진중권 씨의 한마디도 불을 지피는데 나름의 역할을 했다. 그는 "허구를 동원해 대한민국 사법부를 비판한 영화, 이렇게 보시면 됩니다. … 재판의 '절차'를 문제 삼으며 재판의 '실체'를 흐리려는 피고인과 변호인의 정치적 쇼맨십에 재판부가 잔뜩 짜증이 난 상태에서 다소 신경질적으로 반응한 사건"을 영화적으로 구성한 것이라고 개인의 견해를 피력했다.

그러자 이에 대해 또 다른 반론이 나오고, 영화를 본 많은 이들이 사법부에 대한 울분을 쏟아내더니 급기야는 판사의 집에 계란을 던지기도 한다.

나는 이 사태를 보면서 분명 '영화는 영화여야 한다'는

생각에 무게 중심을 두면서, 영화가 재판의 진실인 양 모든 것을 받아들이는 관객들의 태도엔 문제가 있다고 생각한다.

다만 이 영화로 인해 많은 다양한 생각들이 나오는 것은 일견 사법부가 자초한 일이 아닌가 하는 생각이 들기도 한다. 어쩌면 오랜 사법 불신이 이 영화를 통해 분노로 분출된 것이다. 〈도가니〉의 사례가 그랬고, 헌정사 곳곳에서 그런 일들이 많았기 때문이다. 과연 대한민국 사법부가 그동안 보여준 행태가 정당하고 당당했느냐고 물으면 자신 있게 그렇다고 말할 수는 없을 것이다.

물론 모든 판사들이 다 그렇지는 않겠지만 국가적 이슈가 된 사건들을 바라보면서 어떤 때는 정치권의 눈치를 보기도 하고, 인권과는 무관한 판결로 개인의 희생을 강요한 것은 자명한 사실이었기 때문이다.

사법부의 오랜 관행인 '전관예우'도 마찬가지다. 힘 있는 자리에 있던 법관이 옷을 벗고 변호사가 되었을 때, 그를 찾아가면 유리한 판결을 얻는다면 분명 누군가가 그만큼의 피해를 볼 수 있다. "법은 국민 위에 그러나 법관 아래" 있다는 생각은 그들이 초래한 당연한 결과일 것이다.

이번 일로 인해 법원 내부에서도 파문의 확산을 우려하여 "사건과 재판 과정의 실체적 진실을 정확하게 알리자"는 적극적인 움직임을 보이고 있다고 한다. 나는 법의 정당한 집행이냐, 억울한 판결이냐에 대해 말하고 싶지 않고 말할 입장에 있지도 않다.

사람이란 너무도 복잡하며, 재판 과정은 더욱 그러할 것이다. 대학에서도 재임용 하지 않은 것이 비단 그 일 때문만은 아닐 수도 있고, 법정에서 예의를 지키지 않는 것도

교수로서 문제가 있어 보이는 부분도 있다. 그러므로 판결
에 대해서는 왈가왈부하고 싶지 않다.

다만 이런 소재를 두고 영화를 이끌어 간 법정드라마의
완성도에 점수를 주고 싶다. 정지영 감독은 교수의 입장에
서 극을 진행했고, 관객들은 그 흐름을 따라 마음이 움직였
다. 저예산으로 이만한 몰입도를 끌어내기란 쉽지 않다. 법
정드라마를 많이 만들지 않은 한국 영화의 입장에선 더욱
그러하다.

결론을 말하자면 영화는 영화로 보아야 한다. 영화는 범
죄를 미화하기도 하고, 전쟁을 정당화시키기도 한다. 어떤
목적을 가진 다큐멘터리가 아니라면 상업적 성공을 외면할
수 없다. 〈대부〉는 지탄받아야 할 조폭 두목 이야기이지만
말론 브랜도, 로버트 드니로, 알 파치노의 열연은 얼마나 멋

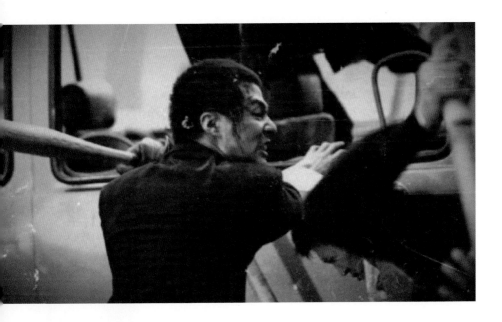

져 보였던가.

한국 영화 〈친구〉, 〈비열한 거리〉, 〈달콤한 인생〉 역시 마찬가지다. 이런 영화를 보고 조폭이 된 녀석들도 있다고 한다. 그것이 문제라면 문제다.

이번 〈부러진 화살〉은 많은 생각을 하게 해 준 영화임에는 틀림없지만, 판사를 향해 계란을 던지는 행위는 영화를 영화로 보지 않는 단적인 예다. 영화는 왜곡과 과장을 조자룡이 헌창 쓰듯 한다. 있을 수 없는 얘기를 있는 것처럼 꾸미기도 한다. 왜? 영화니까. 블랙코미디 영화들은 대부분 이런 왜곡과 과장, 역설과 풍자를 무기로 한다.

이 영화도 그런 관점에서 보아주었으면 어떨까 싶다. 영화를 사랑하는 한 사람으로서 느낀 점이다.

〈트루먼 쇼〉,
누군가 당신을 훔쳐보고 있다

은행에서, 차고에서, 담벼락 아래서, 탈의실에서 더 은밀한 어느 곳에서 당신은 찍혀지고 있다. 범죄 예방을 위해 혹은 불순한 의도에 의해 누군가에게 몰래 찍혀진다. '몰래 카메라'의 주인공은 자신도 모르는 사이에 컴퓨터를 타고 사생활이 공개된다. '몰카'라는 속어는 이제 너무 보편화되어 사전 속에 삽입되어야 할 단어가 되었다.

시민 안전을 위한다는 명목으로 어느 도시에선 통합관제센터란 것을 만들어 전 시민의 일거수일투족을 관찰하고 있다. 갑자기 오줌이 마려워 바지를 내리는 장면, 누군가 멱살잡이를 하는 광경 등 이제 피해갈 길은 없다. '세월호' 참사 이후, 안전을 위한 것이라면 그 누구도 반론을 제기하지 못한다. 운전을 하다보면 수많은 CCTV들이 나를 찍고 있음을 본다. 이제 범죄수사도 거의 다 CCTV에 의존한다.

'몰카' 뿐만 아니라 도청, 전화 내용 조회까지 사생활 침해는 전방위적으로 일어나고 있다. 예전 군사정부 시절 민주화운동 인물들에 대한 도청 의혹이 심심찮게 제기되곤 했다. 하지만 지금은 행위가 더 교묘해졌다. 심지어 국가기관인 국정원에서 기자와 취재원 간의 통화 내역을 조사하였다니, 우리가 어느 시대에 살고 있는지 의심스럽다.

역시 이럴 때 생각나는 영화로는 〈트루먼 쇼〉가 제일이다.

청년 트루먼은 태어나서 지금까지 섬을 떠나 본 적이 없다. 어린 날 태풍에 휩쓸려 아버지를 잃은 후 바다는 무서움의 대상이 되었기 때문이다. 또한 예쁜 아내와 보험회사 직원으로 소시민의 평범한 일상에 만족해하며 살아온 탓이기도 했다. 그런 그가 어느 날 '피지'로의 여행을 계획한

다. 이 섬의 탈출은 곧 〈트루먼 쇼〉의 종말을 의미하므로 스토리는 극적으로 전개된다.

이즈음에서 관객들은 제목이 왜 '트루먼의 삶'이 아닌 '트루먼 쇼'였던가를 어렴풋이 알게 된다. 트루먼의 모든 삶은 TV를 통해 전 세계에 생중계되고, 시청자들은 그의 일거수일투족에 일희일비했던 것이다. 트루먼의 도시는 거대한 촬영 공간이었고, 시민·가족들은 모두 약속된 배우들이었음을 알게 된다.

영화의 말미에서 〈트루먼 쇼〉의 연출자인 에드 헤리스는 이렇게 말한다.

"이 세상에는 거짓말과 속임수 뿐이지만, 내가 만든 세상은 달라. 그래서 넌 떠나지 못해. 지금은 생방송 중이야!"

하지만 트루먼은 진정한 자유와 사랑을 위해 방송이 아닌 자신의 삶을 위해 스튜디오의 문을 열고 나간다.

피터 위어 감독은 끊임없이 문제적 작품들을 내놓았다.

감독 특유의 시선으로 한정된 공간에 렌즈를 들이대어 진실과 거짓을 대비시켜 보여준다. 청교도적 전통을 고수하는 아미쉬 교도의 마을이 배경이 된 〈위트니스〉, 권위적 교육의 죽음과 부활을 외쳤던 키팅 선생의 학교 〈죽은 시인의 사회〉, 미국 시민권을 획득하기 위해 위장 결혼을 하는 프랑스 남자와 넓은 정원을 얻기 위해 혼인증명이 필요한 여성 간의 에피소드를 엮은 로맨틱 코메디 〈그린카드〉 등은 오늘을 사는 우리들에게 많은 것들을 생각하게 한다.

우리는 지금 컴퓨터가 만든 가상의 세계와 현실 세계의 경계에 서 있다. 아니, 가상마저도 현실인 세상을 살고 있다. 트루먼은 그 섬에서 생의 절반을 스타 트루먼으로 살았다. 그렇듯이 지금 누군가 당신을 배우로 만들고 돈을 벌고 있을 수도 있다. 피터 위어 감독은 어쩌면 우리가 누군가의 각본에 의한 거대한 '몰카'의 세상을 헤엄치고 있는 건 아닌지 곰곰 생각해 보게 한다.

인생은

초콜릿 상자에 있는 초콜릿과 같다.

어떤 초콜릿을 선택하느냐에 따라

맛이 달라지듯이

우리의 인생도 어떻게 선택하느냐에 따라

인생의

결과도 달라질 수 있다

—영화 〈포레스트 검프〉 중에서

제4부

불편한 시대,
무채색 일상을
걸어나오다

시와 함께 음미하는…, 가을에 볼 만한 영화

1. 가을바다가 못내 그리운 날엔 〈일 포스티노〉를 보자

가을 남해바다엔 감성돔 속살이 오르고, 사량도 옥녀봉 전설을 따라 단풍이 형형색색의 물을 들이고 있다. 그 사연실은 파도 소리는 도심의 창가에까지 들려온다. 이런 날이면 누군가에게 편지를 쓰고 싶다. 조금은 고전적으로 "표를 사고 있을 테니 어느 극장 앞에서 만나자"는 말을 덧붙이고 싶다.

하지만 이제 가로수 낙엽 뒹구는 극장 앞에서의 약속, 그런 낭만은 사라지고 없다. 빌딩 속 멀티미디어관에선 여러 편의 영화가 상영되고 있고, 영화 정보는 스마트폰으로 검색한다. 편리하지만 두고 온 청춘의 한때처럼 뭔가를 잃어버린 것 같다. 이런 날은 더욱 옛 영화들이 그립다.

—사랑하는 것은
사랑을 받느니보다 행복하나니라

오늘도 나는
에메랄드빛 하늘이 훤히 내다뵈는
우체국 창문 앞에 와서 너에게 편지를 쓴다

행길로 향한 문으로 숱한 사람들이
제각기 한 가지씩 생각에 족한 얼굴로 와선
총총히 우표를 사고 전보지를 받고
먼 고향으로 또는 그리운 사람께로
슬프고 즐겁고 다정한 사연들을 보내나니

세상의 고달픈 바람결에 시달리고 나부끼어

더욱 더 의지 삼고 피어 헝클어진 인정의 꽃밭에서

너와 나의 애틋한 연분도

한 방울 연연한 진홍빛 양귀비꽃인지도 모른다

─사랑하는 것은

사랑을 받느니보다 행복하나니라

오늘도 나는 너에게 편지를 쓰나니

─그리운 이여 그러면 안녕

설령 이것이 이 세상 마지막 인사가 될지라도

사랑하였으므로 나는 진정 행복하였네라

─유치환,「행복」전문

다가올 사랑 혹은 발자국만 남기고 떠난 사랑이 그리운 날엔 영화 〈일 포스티노〉를 보라고 권하고 싶다. 그 유명한 명대사가 귓전에 아른거린다.

"네루다 선생님, 큰일 났어요. 사랑에 빠졌어요. 너무 아파요."

"그거 큰일이군. 빨리 나아야겠네. 그리고 그건 빨리 나아."

"아뇨. 전 그냥 아프고 싶어요."

이 영화엔 푸른 바다와 사랑, 우편배달부와 시(詩)로 이루어진다. 칠레의 저항시인 네루다는 이탈리아의 작은 섬으로 망명온다. 그에게는 전 세계로부터 많은 우편물들이 온

다. 순진한 마을 청년 마리오는 그 우편물을 위한 전속 배
달부가 된다. 네루다를 만나면서 차츰 마리오는 시집을 읽
게 되고 혼자서 시를 쓰기도 한다.

"어떻게 하면 시인이 될 수 있나요?"

"해변을 따라 천천히 걸으면서 주위를 감상해 보게."

"그러면 은유를 쓰게 되나요?"

"틀림없을 거야."

그 무렵, 섬에서 가장 아름다운 여인 베아트리체를 사랑
하는 마음이 생긴다. 그렇게 얻어진 시적 감성은 결국 그녀
의 마음을 얻게 된다. 사랑은 닫혀진 문을 여는 것이다. 우
리 앞에 놓여진 굳게 닫힌 현실도 사랑을 얻듯 다가가면
언젠가 열린다. 마리오는 시를 통해 세상의 변혁에 다가간
다. 아름다운 비극은 이미 예견된 일이었지만 진한 눈물로

관객을 이끌지는 않는다. 코발트빛 바다에서 묻어오는 갯내
음처럼 아련한 그리움으로 다가온다.

청마 유치환이 "에메랄드빛 하늘이 훤히 내다뵈는/ 우
체국 창문 앞에"서 쓰는 편지 역시 그렇다. 뜨거운 고백도,
핏빛 유서도 아닌 '슬프고 즐겁고 다정한 사연'을 엮어 쓴
편지를 받고 싶다. 우편물을 배달하다가 대문호에게 감화
된 순진한 시골 시인 마리오도 베아트리체에게 이런 편지를
보냈으리라.

메일로 곧바로 다가가는 사랑은 아닐지도 모른다. 한 며
칠 끙끙대면서 편지지를 버리고 다시 새 종이 위에 한 자
한 자 사랑을 그려나가는, 그래서 사연이 발효되는 시간을
기다린 편지라면, 설령 답장이 없더라도 혼자 행복할 수 있

으라니…. 시인은 말한다.

"그리운 이여 그러면 안녕
설령 이것이 이 세상 마지막 인사가 될지라도
사랑하였으므로 나는 진정 행복하였네라."

2. 아직 가을의 끝을 잡고 있다면 〈닥터 지바고〉를 보라

시민극장 앞이었어
10·18 마산항쟁 전야에도
크리스마스 이브에도
우린 무슨 약속처럼 그곳에서 만났지
조조할인 입간판 앞에서
영화처럼 바람에 깃을 세우며 서 있던 사람들
포장마차의 불빛이 따스해지는 시각
극장을 돌아가는 골목에서 먼저 어둠이 오고
보리스 파스테르나크와 닥터 지바고
그 빛나는 사내들의 화음도 들려오곤 했지
이제 극장은 없고
하릴없이 기다리던 시민들도 가고 없고
간판화가로 초년을 살았다는
문신화백도 가고 없는 마산의 겨울

내게는 아득하여라

썰물의 발자국들만 어지러운 시민극장이 있던 자리

　　　　　—졸시, 「시민극장이 있던 자리」 전문

　언젠가 러시아 화가 일리야 레핀의 그림 「아무도 기다리
지 않았다」를 보면서 문득 영화 〈닥터 지바고〉가 생각났
다. 이 그림은 아무런 예고 없이 이제 막 유형지에서 돌아
온 한 젊은 혁명가를 가족들이 놀란 눈으로 맞이하는 장면
을 그린 것이다. 사회주의 혁명의 시대, 미래를 알 수 없는
암울함과 혼란이 캔버스에 녹아 있다.

　그 그림 앞에서 오버랩 되는 영화 〈닥터 지바고〉 역시
혁명의 시대를 그려내고 있다. 볼셰비키 혁명은 시대가 원
한 것이었지만, 민초들에겐 혁명과 희망이 하나로 합쳐진다
는 확신이 없었다.

　소설 「닥터 지바고」는 혁명이란 거대한 수레바퀴 아래서 스러져가는 사람들의 얘기다. 작가 보리스 파스테르나크는 이 소설로 노벨문학상 수상자로 결정되었지만 소비에트 작가동맹에서 제명되는 등 정치적 이유로 사퇴하고 만다.

　그 원작으로 만들어진 영화 〈닥터 지바고〉는 겨울이면 늘 생각나는 영화 중 하나다. 오마 샤리프, 줄리 크리스티가 주연하여 아카데미 오리지널 작곡상을 비롯한 4개 부문을 휩쓸었다.

　영화음악의 거장 모리스자르가 작곡한 '라라의 테마'는 당시 동시대인의 심금을 울렸다. 지금도 그 음악 하나로 혁명의 대지에, 우리들 못 이룬 청춘의 사랑에, 포장마차에서 후루룩 뜨거운 국물에 몸을 데우던 그날로 곧바로 다가간다.

　「시민극장이 있던 자리」는 그 영화를 생각하며 쓴 시다.

세상에 영원한 것은 없다. 그 영화를 보았던 시민극장은 지금 사라지고, 세계적인 조각가 문신 선생이 살던 마산 추산동 언덕도 쓸쓸하고, 옷깃을 세우고 기다리던 이름들도 떠나가고 없다. 그래도 어김없이 가을은 깊어가고 또 겨울을 채비한다.

3. 왜 추억은 흑백영화처럼 기억되는가—워터프론트

그 다방은 이전에도 다방이었고
지금도 다방이다.
정겨운 이름, 다방

티켓다방 말고 아직도 다방이라니,

오래 산 것이 자랑이 아니듯

다방이 오래되었다고 자랑할 일은 아니다.

오래된 것으로 치면

그 다방이 있는 건물이 더 오래되었다.

그 다방은 일본식 이층건물 일층에 있다.

그래도 자랑할만한 것은

방 양옆으로 지금은 인쇄소와 갈비집이 있는데

그 인쇄소와 갈비집이

우리가 오래된 사진을 꺼내볼 때

양옆으로 선 사람이 사진마다 다르듯

여러번 주인을 바꾸었다는 것이다.

그 다방에서 만난 내 친구 중에는

둘이나 벌써 저 세상에 가 있다.

사람들은 집에서도 커피를 끓여마시고

자판기에서도 커피를 빼 마신다.

그런 동안에도 여전히 그 다방은 커피를 끓여내오고

오래된 음반으로 고전음악을 들려준다.

그러나 그 다방도 세월의 무게를 이길 수 없었는지

얼마 전 아내를 먼저 떠나보내고

매일 아침 삐걱거리는 관절의 목제 계단을 올라가

이층에서 하루종일 그림을 그리던 화가 주인을

저 세상으로 떠나보내고

피아노를 치는 둘째딸을 새 주인으로 맞았다.

늙은 화가 주인이 떠난 뒤로

머리 위에서 무겁게 발끄는 소리는 더 이상 들리지 않았지만

이번에는 목제 건물의 관절마다 박힌 못이

녹슬어 스러지는 소리가 바람결에 들리는듯했고

그때마다 그 다방은 치통을 앓듯, 관절염을 앓듯

신음소리를 내었다.

엑스레이를 찍으면 골다공증을 앓고 있을

정겨운 이름 흑백다방

—김승강, 「흑백다방」 전문

경남 진해에 '흑백다방'이 있었다. 언제나 전시 포스터가 걸려있던 이 다방의 검은 문. 클래식 음악에 심취했던 화가 류택렬이 이곳을 이어받아 사십 수년을 꾸려왔고, 그 후엔 아버지 뒤를 이어 피아니스트 유경아가 물려받았지만 안타깝게도 운영난으로 다방은 그만두게 된다. 조두남, 나운영, 이중섭, 유치환, 김춘수, 윤이상 등 이곳과 인연을 맺은 예인들은 수없이 많다.

흘러간 것은 왜 흑백의 기억으로 남는가. 1954년작 말론 브란도 주연의 영화 〈워터프론트〉는 흑백영화다. 말론 브란도는 어떤 모습으로 기억될까. 손자와 정원에서 장난치며 노는 인자하고 천진한 미소 그러나 그 속에 내제된 냉철한 결단과 집행자(〈대부〉)의 얼굴, 혹은 전쟁을 부정하고 혐오했지만 마침내 그 광기를 송두리째 몸속에 지녀버린 심오하고도 복잡한 인간형(〈지옥의 묵시록〉). 하지만 이 또한 한

부분에 지나지 않는다. 〈워터프론트〉에서 보여준 귀기어린
외모와 반항적 몸짓은 한마디로 정의되지 않는다.

　한 사람의 배우가 한 줄의 글로 정의되지 않듯이, 한 편
의 시로 50년이 훌쩍 넘은 흑백다방을 다 말할 순 없다. 시
란 그래서 좋다. 다 말하지 않으면 압축과 생략의 묘미이고,
조금 모호하게 표현하면 은유라고 인정하니까.

〈공모자들〉,
불편한 시대를 건너는 불편한 영화

　불편한 시대엔 불편한 영화들이 많다. 이번 영화 〈공모
자들〉도 마찬가지다. 근래 나온 영화들이 이런 모습을 띤다
면 그 사회는 분명 문제 많은 사회다. 대충 일별해봐도 불
편한 시대를 건너는 불편한 영화들은 넘쳐난다.

　〈나쁜 남자〉로 대변되는 악인 시리즈를 그려내는 김기덕
감독의 영화들이 그렇고, 하정우를 일약 명배우로 격상시킨
〈추격자〉, 딸의 유괴를 다룬 〈세븐 데이즈〉와 〈밀양〉, 어린

이 성폭행사건으로 센세이션을 일으킨 〈도가니〉, 최근엔 〈이웃 사람〉이 200만 관객을 넘겼다고 하니 젊은 감독들이 그려내는 우리 시대의 자화상은 슬프고도 끔찍하다.

〈피에타〉를 보려고 극장을 찾았지만 통영엔 상영되지 않았다. 저녁 운동을 조금 하고 왔기에 외화는 너무 피곤할 듯하여 한국 영화를 선택했는데, 오랜만에 임창정을 만날 수 있어서, 또한 평소 코믹한 이미지와는 다른 캐릭터가 눈길을 끌어 〈공모자들〉을 선택했다.

영화는 처음부터 피를 부른다. 이유는 모른다. 팬티바람의 피범벅 사내를 쫓고 쫓는데, 막다른 곳은 배의 갑판이다. 예전에 나도 한 번 타본 적이 있는, 화물과 여객을 동시에 싣고 떠나는 거대한 배다. 갑판 위에서 혈투가 벌어지고

끝내는 뒤엉킨 두 사내가 바다로 떨어지고 만다.

본격적인 얘기는 그 후 3년 뒤에 시작된다. 3년 전 두 사내의 혈투를 지켜보던 영규(임창정)는 장기밀매 전문가다. 영화는 그의 동선을 따라 불편한 시대의 음습한 단면을 그려내는데, 나름 상당한 취재를 통해 얻어진 탄탄한 시나리오를 토대로 리얼리티를 확보한다.

이 영화는 한 부부가 중국 여행 중 아내가 납치당했는데, 두 달 후 장기가 모두 사라진 채 발견되었다는 작은 기사가 모티브가 되었다. 오원춘 살인사건으로 인육매매, 장기밀매 의혹이 시중에 떠돌기도 했었지만 잊히고 말았다. 하지만 그 음습한 곳에는 지금도 여전히 장기밀매가 이뤄지고 있을지도 모른다. 실제로 20대 여성의 몸에 있는 장기

를 모두 팔면 10억 이상이 나온다는 말이 시중에 떠돌기도
한다.

영규는 우여곡절 끝에 손을 씻은 장기밀매를 다시 계획
하고 배를 탄다. 제각각 전문가들은 분업적으로 일에 착수
한다. 설계자, 출장 집도 의사, 세관원, 운반책, 뒷일 책임자
등 각 분야의 베테랑들은 철저히 조직화 되어 있다. 이들은
시스템을 갖추고 있으며, 범행 계획에서 실행까지 긴 시간
을 요한다.

최다니엘은 하반신을 못 쓰는 아내를 위해 중국 여행길
에 오르고, 결국 아내의 실종으로 이 사건과 정면으로 마주
치게 된다. 오달수는 장기를 적출하는 출장 외과의로 등장
한다. 최다니엘은 선한 눈빛 속에 감춰진 알 수 없는 미묘함

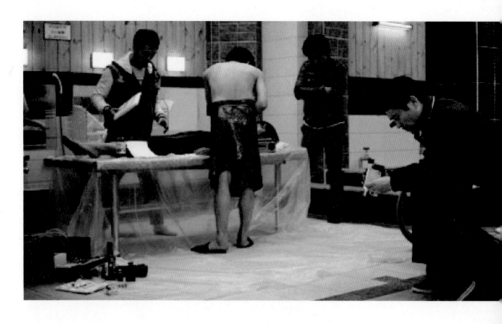

을 연기한다. 그의 섬세한 눈빛은 좋은 배우를 만났다는 생
각을 갖게 한다. 오달수는 늘 신뢰할만한 배우임을 여기서
도 입증해 준다. 그 특유의 무기인 유머와 페이소스는 "역
시나!"인데, 그 위에 잔혹의 색채를 더하면서 영화에 무게
를 실어준다.

　눈길을 끄는 신은 장기 적출의 공간인 '사우나실' 장면
이다. 여객선의 사우나실은 먼 여행의 피로를 씻어주는 곳
인데, 여기서는 영업시간이 끝난 살풍경한 공간으로 변한
다. 문 닫은 사우나실에서 장기 적출 수술이 진행되는데,
오달수의 능청맞은 연기와 마취에서 깨어난 여인의 절규,
이곳 주변에서 아내를 찾아 혈안이 된 최다니엘의 모습이
긴장과 속도감을 더한다.

　우리나라의 잔혹극들은 대체로 스토리에 의지함으로 스

케일이 크지는 않다. 하지만 이 영화는 방대한 스케일을 자랑한다. 한국과 중국을 오가며 찍은 수고는 물론이고, 여객선 장면, 사우나실 등 세트에 들인 투자도 만만찮아 보인다.

중국 웨이하이에서 3주간, 8회 차에 걸쳐 이루어진 카 액션과 결투 신 촬영에 동원된 엑스트라만 해도 1,000여 명에 이른다고 한다. 그동안 〈대물〉, 〈스타일〉, 〈워킹맘〉, 〈달려라 고등어〉 등 그다지 흥행 영화를 만들지 못한 76년생 김홍선 감독에게 제작자는 아낌없는 투자를 한 셈이다.

이 영화를 보면서 "혹시 지금도 누군가가 공해상에서 장기를 적출당하고 있지는 않은지, 그렇게 적출된 장기로써 새로운 삶을 사는 사람들은 없는지, 장기이식으로 행복한 삶을 사는 이들이 이 영화를 본다면 어떤 느낌을 받을까" 하는 생각들이 궁금했다. 씁쓸하지만 또 하나의 재미를 선사한 반전이 나를 실망시키지는 않았다. 첫 신의 갑판 혈투도 그저 액션의 재미만을 위한 것이 아니라 수긍이 갈만한 개연성으로 수미상관의 연결을 짓게 해주었다.

극장을 나오면서 잔혹한 피 냄새가 따라오는 착각을 받았다. 통영 롯데줌아울렛관 쓰레기가 버려진 텅빈 주차장은 을씨년스러움을 더하고 있어서 영화 속 한 장면처럼 느껴진다. 잔혹극도 분명 카타르시스는 있다. 하지만 폭력이 사회 문제로 대두되고 있는 이때 넘쳐나는 폭력영화들로 인해 일상적인 것이 될까 우려도 된다. 그러나 이제 제어하기엔 너무 멀리 왔다. 다만 풀길 없는 답답함과 울화가 있다면 이런 영화도 도움이 된다고 자위할밖에.

5월에 다시 보는
두 저항 시인의 영화

내 학생 때의 공책 위에

내 작은 책상과 나무들 위에

모래 위에 눈 위에

나는 쓴다

그대 이름을

내가 읽은 모든 페이지 위에

모든 백지 위에

돌과 피와 종이, 또는 재 위에

나는 쓴다 너의 이름을.

—폴 엘뤼아르, 「자유」부분.

시인 엘뤼아르와 화가 피카소는 평생 사상의 영향을 주

고발은 동지였다. 스페인 내전이 일어나자 엘뤼아르는 "지금 모든 시인들이 타인들의 생활 속에, 공통된 생활 깊숙이파고 들어가야 할 권리와 의무가 주어진 시대가 왔다"고 말했다. 자신을 향해 또 다른 시인을 향해 그리고 모든 예술가들을 향해. 이런 엘뤼아르의 저항적 면모는 피카소에게도 영향을 미쳐 불후의 명작 「게르니카」를 그리게 된다.

오후 다섯 시에
정각 오후 다섯 시에
한 소년이 참회자의 흰옷을 샀네
오후 다섯 시에
한 바구니의 석회는 이미 준비되었다네

오후 다섯 시에

남은 것은 오로지 죽음, 죽음뿐이네

오후 다섯 시에

바람은 목화를 흩날리네

오후 다섯 시에

수정과 니켈의 산화물이 뿌려졌네

오후 다섯 시에

이미 표범과 비둘기가 싸우기 시작했네

오후 다섯 시에

황폐한 뿔에 받힌 근육

오후 다섯 시에

오후 다섯 시에

낮은 음악 소리가 울려퍼지기 시작했네

오후 다섯 시에

비소(砒素)의 종과 연기

오후 다섯 시에

길 모퉁이마다엔 침묵이 산더미,

오후 다섯 시에

아! 투우만이 홀로 가슴을 높이 쳐들고 있네.

오후 다섯 시에

눈같이 창백한 땀방울이 도착했을 때,

오후 다섯 시에

광장이 요드로 뒤덮였을 때

오후 다섯 시에

죽음은 상처 속에 씨앗을 뿌렸네.

오후 다섯 시에

정각 오후 다섯시에,

오후 다섯 시에는

바퀴 달린 관이 침대로 변했네.

오후 다섯 시에

뼈와 피리가 그의 귀에 울리네.

오후 다섯 시에

투우가 이미 그의 이마 근처에서 울부짖고 있었네.

오후 다섯 시에

방에는 고뇌의 무지개가 떠 있었네

오후 다섯 시에

멀리에서 이미 썩은 냄새가 밀려오네.

오후 다섯 시에

초록빛 천과 백합의 나팔소리

오후 다섯 시에

상처는 태양과 같이 불타고 있네.

오후 다섯 시에

군중이 창문을 부수고 있었네.

오후 다섯 시에

오후 다섯 시에

아, 얼마나 끔찍한 오후 다섯 시인가!

시계란 시계는 다 다섯 시였다네.

어스름한 오후 다섯 시였다네

—가르시아 로르카, 「투우사 메히아스의 죽음을 애도하며」

〈데스 인 그라나다〉는 스페인의 천재 시인 가르시아 로르카에 관한 영화다. 모두가 기억 속에서 잊혀지고 또 잊어버리길 원해지만, 리카르도(엔디 가르시아)는 결코 스페인 내전을 잊을 수 없었다. 18년이 지났고, 푸에르토리코에서 대학 교수가 되었지만 그는 늘 그때 그곳(그라나다)으로 돌아가야 한다고 생각했다.

내전이 한창이던 1936년 무렵, 10대였던 리카르도는 로르카의 시와 연극에 흠뻑 빠져 있었고, 그의 연극을 보면서 글이 큰 문제를 일으킬 수도, 시가 폭력을 낳을 수도 있다는 것을 배웠다. 분장실에서 만난 우상은 어린 그에게 "날 잊지 말라"는 의미 있는 한마디를 남긴다. 얼마 후 그는 의문의 죽음을 당하고 사건은 역사 속에 묻히고 만다. 리카르도는 잊혀진 영웅의 죽음과 진실을 캐내기 위해 조국으로 간다. 이미 프랑코의 지배하에 놓인 스페인에서 감춰진 진실을 찾는 일은 또 하나의 위험한 저항이었다.

이 영화가 빠른 전개와 극적 구성으로 의문의 죽음을 추적했다면, 칠레의 시인 파브로 네루다의 일시적 유배를 그린 〈일 포스티노〉는 잔잔한 한편의 수채화처럼 그려진다.

나폴리 근처의 작은 섬, 네루다에게만 편지를 전해주는 전용 우편배달부 마리오, 그의 애인 베아트리체와의 소중

하고 특별한 인연을 아름다운 음악과 풍경으로 담아내고 있다. "아파요. 사랑에 빠졌나 봐요. 하지만 계속 아프고 싶어요"란 대사는 이 영화의 빛깔을 상징적으로 보여준다.

네루다에게서 참된 용기와 시의 힘에 대해 눈을 뜬 순진한 청년 마리오는 시위에 참가하여 연단 위에서 「네루다에게 바치는 시」를 읽으려 한다.

로르카와 네루다는 둘 다 폭압의 시대를 저항한 시인이었다. 그러나 생애는 서로 달랐다. 로르카는 37세에 총살당했고, 네루다는 69세를 살았고 71년엔 노벨문학상을 받았다. 두 시인을 다룬 영화 역시 전혀 다른 모습으로 그려져 있다. 시민혁명의 달, 5월에 다시 보고 싶은 영화 두 편을 강력 추천한다.

〈올드 보이〉,
그 무한한 만화적 상상력

    수준 이하의 만화나 납득하기 어려운 치졸한 일들을 '망가'라고 부른다. 그러나 있을 수 없는 일이라 믿었던 많은 일들이 실제 일어나는 시대를 우린 살고 있다. 그래서 만화와 망가의 경계는 이제 허물어져 버렸다.

    만화는 허구에 있어서만큼은 가장 자유로운 장르다. 허구와 실제를 버무린 창작물이 소설이라 하지만 그것엔 상상력의 제한은 늘 따라다녔다. '사실성의 결여' 혹은 '개연성의 단절'이란 단어들은 비평가들이 소설에 금을 긋기 위해 즐겨 사용하는 말들이다. 하지만 만화 속에선 상상력의 비약을 문제 삼지 않았다. 그것은 만화가 언더그라운드적 장르라는 선입관을 갖고 있던 제도권 비평가들의 관심을 크게 끌지 못했던 탓이기도 하다.

    이런 비평적 무관심 속에서 만화는 대중적 자산을 늘려

왔고, 본격적인 영상시대를 맞아 영화와 손을 잡게 된다. 이런 상황 속에서 만화 특유의 무한 상상력은 시너지 효과를 일으키며 대중 속에 깊이 뿌리박게 된다.

칸영화제에서 심사위원 대상을 차지한 〈올드 보이〉는 만화적 상상력을 영화에 끌어들인 대표적인 작품으로 기억될 것이다.

한 남자(최민식)의 이유 모를 15년 간의 억류. 개인 감옥으로 지어진 도심의 빌딩 한 곳에서 매일 만두 한 가지만 먹게 되는 상상은 진저리를 치게 한다. 가둔 자(유지태)의 수려하고 견고한 눈빛 위에 겹쳐지는 슬픈 냉소는 관객을 팽팽한 긴장 속으로 끌어들인다. 그리고는 어느 날 버려진다. 시간을 거슬러가며 억류의 원인 찾기를 위한 퍼즐게임

은 시작된다.

박찬욱 감독은 그저 재미를 위해 '복수'를 선택하진 않은 듯하다. 우리나라에서는 복수를 다룬 영화는 그다지 흥행에 성공하지 못했다. 그런데도 그는 복수에 집착한다. 이 영화는 〈복수는 나의 것〉에 이은 두 번째 영화이다. 신체적 복수는 범죄다. 인간 내면에는 억울함을 뒤엎을 잔혹한 광기가 숨어 있다. 그렇다면 복수는 인간을 이해하는 한 통로이기도 하다. 박찬욱 식의 인간 탐구로 읽어도 무방하다.

잘 알려진 대로 〈올드 보이〉의 원작은 일본의 동명 만화이다. 쓰치야 가로가 글을 쓰고, 미네기시 노부아키가 그림을 그렸다. 일본은 이번 〈올드 보이〉의 수상을 애써 외면하고 있다고 한다.

　제작사 '쇼이스트'는 이 만화의 판권을 2만 달러에 샀고, 220만 달러를 받고 일본에 수출하였다. 뿐만 아니라 할리우드에서도 리메이크가 추진되고 있다. 칸에서 대성공을 거둔 영화의 원작국인 일본에선 영화화를 계획한 이가 없었다는 얘기다.

　이는 한국 영화인의 혜안을 따라오지 못했다는 반증이기도 하다. 극단의 상상력으로 수준 높은 만화를 그려냈지만, 정작 수상 영화에 대한 그들의 무관심은 망가처럼 치졸해 보인다.

아카데미,
악동에게 기립박수를 보내다

백학을 떠올리면 고고함 혹은 순결

"코뿔소!"라고 말하면 저돌성과 단순 무식

견고한 인식의 주머니는 둥글고도 슬프다.

—졸시, 「흑과 백」부분

일반적으로 사람들은 두 동물을 이렇게 인식한다. 하지만 백학에겐 긴 부리로 물고기를 패대기치는 공격성이 있고, 코뿔소에게도 여린 눈물과 애련이 있다. 그런데 우린 백학을 고고함, 코뿔소를 단순 무식이란 등식으로 기억한다. 한 번 각인된 고정관념은 단단하여 잘 깨어지지 않는다.

그런 선입관의 피해자로 우린 숀 펜을 기억한다. 마돈나와의 결혼, 폭행으로 인한 구설수, 이혼 등 그의 일탈 행위 탓일까? 아니면 결코 잘생겼다고 할 수 없는 외모 탓일까?

할리우드에도 미남이 아닌 주연급들은 많다. 앤서니 홉킨스, 캐빈 베이컨, 잭 니콜슨 등등. 이들은 분명 미남 배우군에 들진 않지만 누구도 악동이나 이단아라고 부르지 않는다. 그렇다면 왜 유독 숀 펜에게만 그런 수식어가 붙을까?

한 가지 분명한 것은 그런 이미지의 고착이야말로 역설적으로 훌륭한 연기자임을 증명한다. 그의 얼굴에서 풍기는 묘한 악동의 이미지는 영화 속 인물과 잘 결합된다.

〈데드맨 워킹〉에선 누구에게도 동정 받지 못하고 집행 날짜를 기다리는 사형수를 연기한다. TV에 대고 히틀러를 찬양하고, 정신적 위안자로 교도소를 찾아온 수녀(수잔 서랜든)에게 "섹스가 그립지 않느냐?"라고 물어대는 전형적인 구제불능.

또한 〈더 게임〉에선 자본주의의 표본적 인간 마이클 더글러스를 혼돈의 게임에 빠지게 하고, 예상된 비극적 결말에서 반전에 이르게 하는 결정적 역할을, 〈천사탈주〉에서는 로버트 드니로와 함께 꺼벙한 탈옥수를, 〈아이 엠 샘〉에서는 정신연령이 7세에 불과한 장애 아버지를 연기했다. 한결

같이 존경과 흠모의 대상과는 거리가 먼 역할이었지만, 숀
펜이 아니면 해내기 어려운 역이기도 했다.

이런 사실적인 연기는 영화에 대한 진지한 애정 없이는
불가능하다. 그 동안 〈데드맨 워킹〉(1995), 〈스윗 앤 로다
운〉(1999), 〈아이 엠 샘〉(2000) 등 세 번이나 아카데미 남
우주연상 후보에 올랐지만, 불행히도 아카데미는 그를 비
켜갔다. 그 또한 화려하고 제도화된 틀을 부자연스러워 했
고 시상식장에도 나타나지 않았다. 이런 언더그라운드적인
행동은 그를 악동 혹은 이단아로 불리게 한 원인이 된 것
은 아닐까.

하지만 2004년 아카데미는 그를 외면하지 않았다. 〈미스
틱 리버〉로 남우주연상을 수상한 것이다. 그가 무대에 올라
서자 식장은 긴장했지만, "연기에는 왕도가 없다"는 말로
수상소감을 밝혔다. 불편한 제도에 얽매이지 않으려는 자
유주의자에서 형식마저 포용할 수 있는 진정한 배우로 거
듭난 순간, 참석자들은 그에게 기립박수를 보냈다.

홍상수 감독의 〈해변의 여인〉,
그 무채색 일상성을 걸어나오며

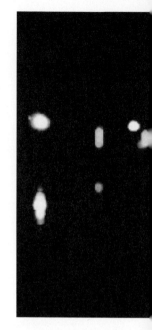

해질 무렵, 바다가 보이는 창가에서 홍상수 감독과 함께 차를 마시거나 와인 한 잔을 즐기는 시간은 매혹적일까? 아니면 낙조마저 권태로운 일상인 양 그저 익숙하게 마주앉는 무의미한 행위에 불과할까?

그의 영화를 즐겨 본 나의 입장에선 함께 한 시간의 설렘보다는 조금은 무심하게 툭 던지는 몇 마디 말로 어색한 저녁을 보내지나 않을까 염려스럽다.

괜히 가을 해역(海域)의 분위기에 젖고 싶은 감상적인 마음을 놓고도 그는 "다 그런 거지 뭐. 조금만 지나면 다시 일상으로 돌아와!" 하며 대수롭지 않게 받아넘기지나 않을까. 하지만 지식인의 이중성을 포착하여 가감 없이 보여주는 섬세하고 감각적인 성격의 소유자이므로, 기대 이상의 분위기를 이끌 수도 있으리라 예감해 보기도 한다.

　나의 이런 상상은 전적으로 그의 탓인지도 모른다. 그만큼 감독 홍상수와 자연인 홍상수를 따로 떼어놓고 말하기에는 그가 보여준 영상이 지나치게 사실적이었기 때문이다.

　〈해변의 여인〉은 철 지난 바닷가를 찾아온 한 남자와 두 여자에 관한 이야기다. 언제나 그랬듯이 지식인의 감춰진 욕망, 그 끈적끈적함을 집요하게 파고드는 홍상수식 드라마다. 이 영화를 보기 전 난 혹시나 했다. 그리고 역시나 하고 일어섰다. 여기서 '역시나'는 미팅 후에 매번 느끼는 실망과는 다른, 기대 이상 혹은 전혀 다른 홍상수를 보여줄까 하는 '막연한 설레임'을 허무는 안도감이었다. 그 답지 않음을 기대했다가 결국 그 다움을 확인하고 안도의 숨을 쉬는 이런 이율배반은 홍상수 영화의 독특함이다.

　여기서 내가 안도한 그 다움의 첫 번째는 할리우드적 스
피드에 매몰되지 않음에 있다. 물론 이 느림의 낯섦에 대중
들은 열광하지 않는다. 하지만 그의 영화를 기다리는 마니
아들은 많다. 형편없는 흥행에 비해 미디어의 관심과 영화
평들은 줄을 잇는다. 영화제 쪽에서도 꽤나 관심 있어 한
다. 왜일까? 그만의 독특한 개성이 잘 드러나기 때문이다.
또한 평문을 쓰기에도 좋다.

　두 번째는 극적인 반전이나 드라마적 요소가 없다. 당연
히 영웅도, 비련의 주인공도 없다. 이런 단점은 대중성 결여
에 큰 몫을 하지만, 기실 우리 삶에 드라마적 우여곡절이
그리 흔하지 않음을 보여준다. 클라이막스를 지나 절망의
끝에서 죽음으로 마감하는 영화적 전형을 거부한다. 그는
무채색 일상성으로 승부한다. 삶이란 소설이나 영화적이지

않다고 말한다. 그가 그려 내는 남녀 간의 등식도 사랑과 배반, 지고지순함 등이 아니다. 그저 "한 번 합시다"하는 정도가 과장된 것이 사랑이라고 말한다.

세 번째는 포장된 이미지에 메스를 댄다. 시인, 소설가, 영화감독, 미술대학 교수 등은 일반인에게는 하나의 이미지로 기억된다. 시인이 낙엽을 보며 근사한 말 한마디를 하면 "시인은 역시 달라!"라고 말한다. 이런 포장된 선입관에 우린 지배당한다. 하지만 그들의 일상이란 어떠한가?

〈돼지가 우물에 빠진 날〉에 등장하는 소설가는 서점에서 몰래 자신의 책을 뽑아 보는 세속적 나르시즘을 보여주고, 〈여자는 남자의 미래다〉의 미술강사와 영화감독은 중국집 아가씨에게 자신의 직업을 드러내면서 작업을 건다. 이를테면 "나 그림 그리는 대학 선생인데 누드모델 한 번 안

해 볼래요?" 이런 식이다.

　그에게 있어 예술가의 신비주의는 매우 적절한 공격 대
상이다. 그 맹점을 파고드는 카메라에 우린 묘한 쾌감을 느
끼기도 한다. 명대사나 명장면도 없다. 애써 아름다운 화면
을 잡아내기 위해 노력하지도 않는다. 〈오! 수정〉의 반복되
는 화면은 빠른 극 전개에 입맛을 들인 관객들에겐 거의 고
문 수준이다.

　그런데도 분명 홍상수는 거부할 수 없는 매력을 지닌 감
독이다. 위에 지적한 '없는 것 몇 가지'를 뒤집어 보면 곧
'새로움 몇 가지를 가진' 감독으로 치환된다.

　영화적 대사 대신 구어체의 어법, 포장된 이미지 뒤에 감
춰진 세속화된 예술들의 지리멸렬함 등에 카메라를 들이

대는 시도는 얼마나 신선한가. 이런 일상성은 통쾌한 카타르시스를 주진 않지만, 얽히고설켜 쉽게 읽을 수 없는 모호성으로 다가온다. 그것은 "인간의 속성은 이렇다!"라고 단정지울 수 없는 복잡 미묘함을 의미한다.

그래도 이 영화만큼은 대중과의 화해를 시도한 흔적이 역력하다. 우선 고현정·김승우란 상품성 있는 배우를 주연으로 등용했고, 전가의 보도처럼 써왔던 눈살이 찌푸려질 정도로 리얼한 섹스 장면을 보여주지 않았으며, 15세 이상 관람가라는 이점을 살리기도 했다. 그 동안의 가감 없는 영상에 스스로가 식상하였을 수도 있고, 어느 정도 흥행을 목적으로 한 흔적을 드러내기도 했다. 그리고 〈해변의 여인〉이란 제목도 (크게 공들여 붙인 것은 아닌 듯 보이지만) 이

전 제목들에 비하면 그답지 않게 서정적이다.

하지만 이 영화에서도 여지없이 현대인의 감춰진 속물적 근성을 드러낸다. 이를 위해 한 쌍의 연인과 개를 등장시킨다. 중요한 배역이 아니므로 그냥 흘려버릴 수도 있겠지만 난 이 장면에 주목하였다.

수평선을 따라 개와 함께 걷는 연인의 모습은 얼마나 다정한가. 그러나 그들의 목적은 결국 개를 버리고 가는 것이다. 해변은 비정한 역설을 위해 차용해 온 장치에 불과하다. 그 반전은 냉혹하다. 우리들 내면에 숨겨둔 이중성과 야비함을 까발리는 집요함이야말로 가장 흥상수답지 않은가. 그런 사내와 함께 유럽풍 카페에서 바라보는 저녁놀은 아름다울까? 너무 매혹적인 것도, 깊은 우울도 쉽게 우릴 지치게 한다. 기대에 미치지 못하더라도 담담하게 그가 바라보는 세상 애기를 듣는 것도 좋으리라.

　오후 여섯 시 단 한 번 상영하는 마산의 한 극장을 찾아
온 사람들을 바라본다. 그들도 이 집요한 냉소에 내심 쾌감
을 느꼈을까. 그런 동류의식 속에서 사시적 눈초리로 그들
을 흘끔흘끔 바라보았다. 아니, 어쩌면 내가 그러기 전에 그
들이 먼저 나를 곁눈질하였는지도 모를 일이다. 그렇다. 이
렇게 무관한 듯 관계를 지어가는 것이 우리들 삶이 아닌가.

　언젠가부터 극장의 에어컨은 꺼져 있었지만 그리 덥지는
않았다. 철 지난 해변을 걸어 나온 탓일까. 아니면 가을이
성큼 다가왔기 때문일까. 끈적끈적하다가도 쉽게 포기해버
리는 결말은 그의 영화 속 장면이기도 하지만 우리들 삶의
모습이기도 하다. 두어 시간 객석을 함께 한 이웃이 되었다
가 극장을 나오면서 우리는 모두 타인이 되어 뿔뿔이 흩어
졌다.

현대사를 걸어간 두 남자 이야기,
〈효자동 이발사〉와
〈포레스트 검프〉

미국 역사는 거의가 영화 속에 있다. 흑백의 인종차별 속에서 흑인이 주류사회의 일원이 되어가는 과정을 보여주는 영화 〈밤의 열기 속으로〉, 텍사스의 광활한 목장과 초창기 석유 시추로 거부가 되는 미국 개척사를 서사적으로 그려낸 〈자이언트〉, 남북전쟁의 회오리 속에서도 인간의 욕망과 생명을 예찬한 〈바람과 함께 사라지다〉 등등. 우리는 이렇게 극장에서 미국사를 다 배웠다.

그에 비해 한국현대사는 영화로 많이 만들어지진 않았다. 반대로 무한한 가능성이 열려있다는 얘기다. 오늘은 한국과 미국의 현대사 속에서 만났음직한 두 사람에 관한 영화를 감상하기로 하자.

서울 효자동에서 이발관을 하는 이발사 성한모(송강호)는 나랏일이라면 절대적으로 신봉하는 애국 시민이다. 그래

서 3·15부정선거에 가담하고, 사사오입을 적용하여 임신 여섯 달의 면도사와 우겨서 결혼하고, 아들을 간첩 용의자로 신고하기도 한다. 그리고 아이큐가 75인 착하고 단순한 사내 〈포레스트 검프〉(톰 행크스). 그는 전미 풋볼 대표선수였고, 월남전에서 훈장을 받은 영웅이며, 미국과 중국의 '핑퐁 외교' 사절이기도 했다.

성한모는 한국 현대사의 중심에 서 있었지만 결코 역사 속으로 진입하지도, 수레바퀴를 움직여 보지도 못했다. 소용돌이치는 역사는 전속력으로 그에게 달려와 부딪혔고, 평범한 소시민은 그만 상처를 입고 만 것이다. 청와대가 있는 효자동에서 이발관을 한 것이 죄라면 죄였다.

이에 비해 미국 역사 속으로 걸어간 포레스트 검프는 행

복해 보인다. 미국의 현대사가 우리만큼 비극적이지 않은 까닭이다. 한국의 소시민 송강호의 삶은 애환과 연민으로 그려지지만, 검프의 눈에 비친 미국은 강대국의 긍지와 보람으로 미화되어 있다. 그는 냉전에서 화해 무드를 조성하는 핑퐁 외교 사절로, 월남전에서 여러 동료를 구한 영웅으로 묘사된다. 다시 말하면 약간의 정신장애를 가졌지만, 미국이란 안정된 틀 속에서 보호되고 제도화된 것이다. 냉전과 전쟁의 주체국이었지만 소시민 검프에겐 영광으로 기억된다.

반면에 성한모는 4·19와 5·16, 다시 10·26의 결말을 가장 가까이에서 겪고 보았다. 대통령의 머리를 깎아주는 이발사였지만, 정작 자신의 아들은 그들에 의해 하반신 불구가 되고 만다. 권력 가까이에 있었지만 권력에 의해 수난받는 대표적인 소시민의 모습이다.

대통령을 만나는 장면도 대조적이다. 검프는 전미 풋볼 대표로, 송강호는 대통령의 이발사 자격으로 식사에 초대된다. 검프는 그 자리에서 엉덩이를 까는 불경스런 장면을 연출하지만 케네디 대통령은 유머로 받아내고, 성한모는 아이들의 다툼으로 인해 밥도 굶은 채 경호실장에게 정강이를 걸어차이는 수모를 당한다.

〈효자동 이발사〉는 역사의 주변인을 그린 영화다. 그들 대부분은 계산적이지 못하고 피해를 당하기도 한다. 하지만 절망과 상처의 기록이기보다 지난 세월을 순화된 숨결로 따뜻이 껴안으려고 했다. 사회 변혁이니 역사 인식이니 하는 시대적 소명보다 자신과 가족의 삶이란 짐이 더 힘겨웠을 것이다. 그들이 짐 지고 걸어간 질곡의 세월이 바로 역사라고 영화는 말해준다.

살아가면서

너무 늦거나

너무 이른 건 없다

넌 뭐든지 될 수 있어

꿈을 이루는데 시간 제한은 없단다

지금처럼 살아도 되고

새 삶을 시작해도 돼."

—영화 〈벤자민 버튼의 시간은 거꾸로 간다〉 중에서

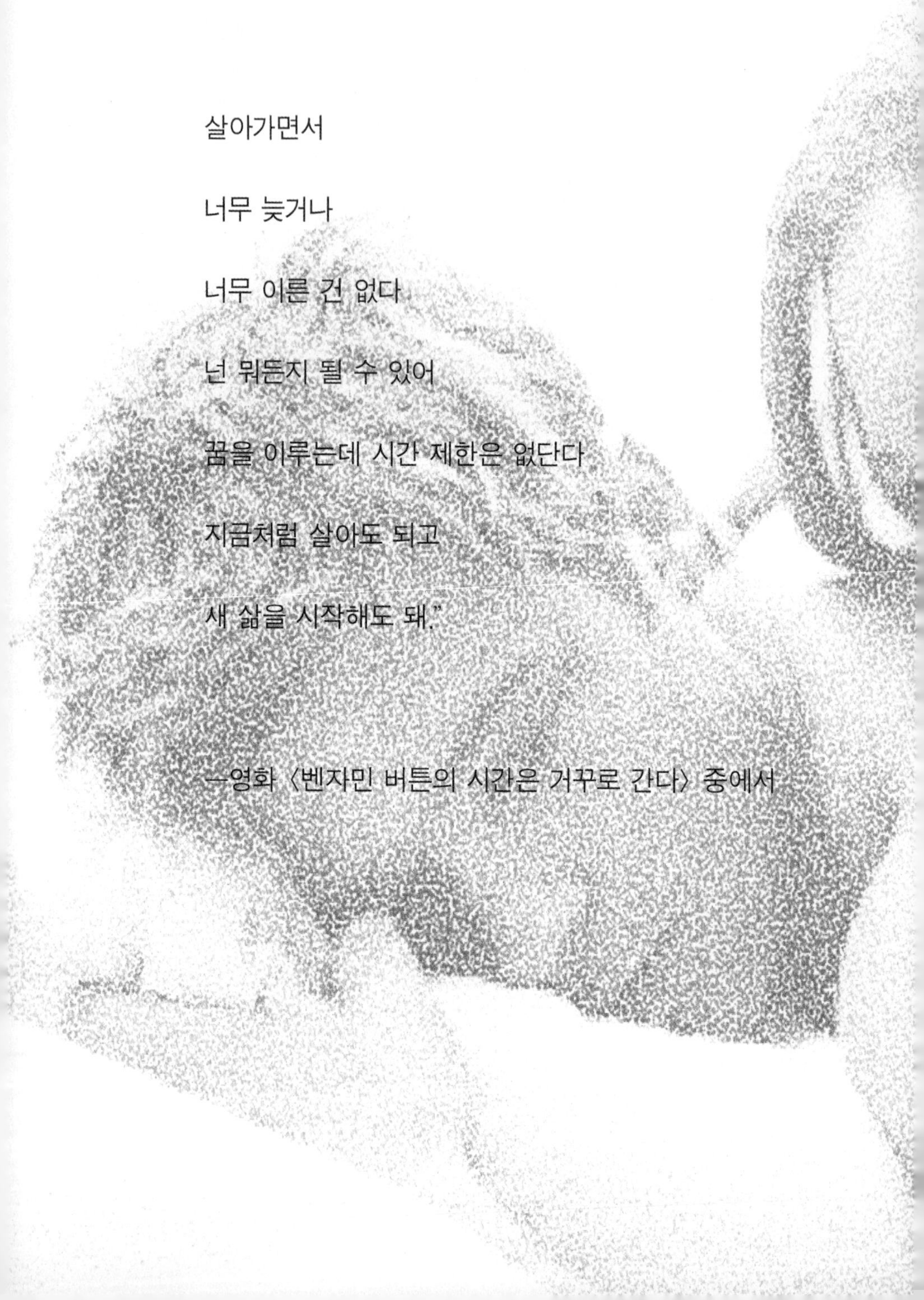

[제5부]

기억하고 싶은
혹은
기억해야 할 영화

말론 브란도,
불꽃처럼 살다 별처럼 지다

　2004년 7월 1일, 향년 80세로 말론 브란도가 죽었다. 《타임》지가 선정한 20세기 최고의 배우, 아카데미 남우주연상 두 번과 골든글러브 다섯 번(인기상 포함), 한 번의 칸 영화제 주연상 수상 등은 말론 브란도의 생애에서는 작은 이력에 불과할지도 모른다.

　우리에게 그는 어떤 모습으로 기억될까.

손자와 정원에서 장난을 치며 노는 인자하고 천진한 미소, 그러나 그 미소 속에 내재된 냉철한 결단과 집행자의 얼굴(《대부》), 혹은 전쟁을 부정하고 혐오했지만 마침내 그 광기를 송두리째 몸속에 지녀버린 심오하고도 복잡한 인간형(《지옥의 묵시록》). 하지만 이 또한 한 부분에 지나지 않는다. 〈욕망이란 이름의 전차〉, 〈워터프론트〉, 〈파리에서의 마지막 탱고〉 등에서 보여준 귀기어린 외모와 반항적 몸짓은 한마디로 정의되지 않는다.

세계 영화사에서 그만큼 다양하고 총체적인 인간의 모습을 표현한 배우를 찾기란 쉽지 않다. 대본 속 주인공은 그와 만나면서 스크린을 초월하는 개성적 인물로 부활한다. 이런 천재성은 어디에서 기인한 것일까.

　평생 아버지를 향해 있었던 격렬한 분노와 복수는 열혈
남아의 성격을 형성했고, 말썽쟁이였지만 아들의 천재성을
믿었던 어머니와 20세 연상이었던 연기자 스텔라의 모성적
관심은 섬세한 내면과 페이소스를 가진 배우를 탄생시킨
또 다른 요인이었다.

　그러나 무엇보다도 이런 심상을 이해하고 영화의 길을
동행한 엘리아 카잔 감독을 거론하지 않을 수 없다. 〈욕망
이란 이름의 전차〉에서 주인공 코왈스키가 드러내는 야수
적 눈빛, 〈워터프론트〉의 테리 멀로이의 반항적 몸짓은 엘
리아 카잔 감독이 일찍 발견해 낸 것이다. 이런 폭발적 기질
은 제임스 딘, 폴 뉴먼 같은 동시대 청춘 스타들에겐 영감
의 원천이기도 했다.

　그는 평생 〈워터프론트〉에서 외친 "나는 내가 한 일을

후회하지 않는다"란 말을 실천하려 애썼다. 〈대부〉의 돈꼴
레오네 역으로 아카데미 남우주연상이 주어졌지만 끝내 수
상식에 참석하지 않았다. 그가 밝힌 불참의 변은 배우로서
견지해 온 이런 신념을 보여주기에 충분했다.

대신 참석한 아파치 족 출신 아메리카 원주민 여성을 통
해 "우리는 200년 동안 그들에게 거짓말을 했으며, 그들을
자신들의 땅에서 쫓아냈다…" 고 수상식에 참석하지 않은
이유를 밝혔다. 그것은 자신이 배우로서 한 일이 할리우드
의 탐욕과 위선, 협작에 기여하지 않았느냐 하는 뼈아픈 자
기반성이었다.

지금 거장은 가고, 그의 회의에도 불구하고 할리우드로
대변되는 자본의 법칙은 여전하다. "사람은 가고 영화는
남는다"는 말은 너무 상투적이다.

〈태극기 휘날리며〉,
지금도 유효한 지난 시대의 벽화

　〈태극기 휘날리며〉의 상영관에 들어서기 전, 나는 왜 이
시대에 다시 한국전쟁인가를 곰곰 생각했다. 〈쉬리〉, 〈공동
경비구역 JSA〉, 〈실미도〉 등 한국 영화의 흥행 코드는 분단
이었다. 분단은 현재진행형이지만, 전쟁을 겪지 못한 세대
들에게 6·25는 잊혀진 역사의 한 부분일 뿐이기 때문이다.
할리우드에서조차 제2차 세계대전을 소재로 한 영화가 뜸

해진 것을 보면, 전쟁영화의 시효는 거의 소멸되지 않았나 하는 생각이 들기도 했다.

하지만 그 의문은 영화를 보는 동안 자연스레 풀려나갔다. 〈태극기 휘날리며〉는 전쟁을 정면에서 다루었지만, 카메라의 중심엔 늘 가족이 있었다. 한국전쟁은 이데올로기의 첨예한 대립이었지만, 실상 민중들에겐 죽음과 생존이란 절체절명의 공포로 다가올 뿐이다.

이 영화는 철저히 한국적 상황, 즉 전쟁 때문에 필연적으로 부닥쳐야 하는 이산의 아픔에 초점이 맞춰져 있다. 우연히 맞닥뜨린 전쟁 앞에서 선택이란 있을 수 없다. 그저 한 가정을 책임져야 할 맏이(장동건)로서의 소명, 어떻게 해서라도 동생(원빈)만은 살려서 돌아가게 해야 한다는 사고는

지극히 평범했던 한 청년을 광기로 몰아넣는다. 그 광기 덕
분에 무공훈장을 받지만, 그 역시 역사의 피해자일 뿐 결코
영웅은 아니다.

보리쌀 두 되를 얻기 위해 보도연맹에 가입했지만, 그 행
위로 인해 목숨이 달아날 줄은 아무도 몰랐다. 이 영화 속
엔 아군과 적군, 선과 악의 대립은 없다. 강제규 감독은 그
저 누군가의 손에 의해 희생된 역사, 그 비극적인 거대한
한 시대의 벽화를 그려 보여주려고 했다.

극장을 나오면서 피카소의 「한국에서의 대학살」이란 그
림이 떠올랐다. 그는 이 그림과 관련하여 '우국지사'의 기
자였던 주르주 바타로에게 이렇게 말했다.

"17세기 화가가 16세기를 그린다면 아름다운 그림일 수

는 있겠지만 감동을 주진 못해. 내가 고야를 생각하더라도
내 그림은 우리 시대의 정신을 표현한 그림이 되어야 하는
거지. 그래서 이 그림이 탄생할 수 있는 걸세."

　6·25 한국전쟁은 분명 지난 시대의 벽화다. 하지만 영
화 속에서 그토록 지켜내고자 했던 가족은 전쟁이 없는 지
금도 반드시 지켜내야 할 보루다. 가족 붕괴는 우리 시대의
아킬레스건이다. 이 명제는 피카소의 말처럼, '우리 시대의
정신'이므로 여전히 유효하다.

　한국 현대사에서 가족 붕괴의 첫 원인은 전쟁이었다. 하
지만 지금은 전쟁이란 극단적 상황이 아닌데도 가족은 여
전히 이산되고 무너진다. 그러므로 〈태극기 휘날리며〉는 지
금 우리 시대의 영화일 수 있는 것이다.

못 박는 자와
못 박히는 자들의 부활절

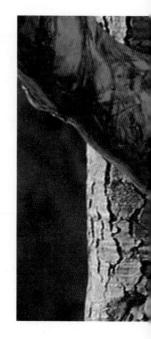

멜 깁슨. 〈브레이브 하트〉, 〈엣지 오브 다크니스〉, 〈아포
칼립토〉까지, 이제 그는 헐리우드의 중심 배우에서 묵직한
메시지를 전하는 감독으로 자리매김 되고 있다. 〈반지의 제
왕〉, 〈헤리포터〉 등의 SF적 상상력이 지배하는 시대에, 성서
속으로 들어가서 예수의 수난을 들고 나온 영화 〈패션 오
브 크라이스트〉는 차라리 신선해 보이기까지 했다.

부활절에도 어김없이 전쟁의 진원지 중동에서는 위기의 모래바람이 불고 있고, 국내에서는 여야로 편이 갈려 못 박느냐 못 박히느냐의 싸움이 치열해지고 있다. 의도되었건 그렇지 않았든 간에 종교 영화는 반성과 성찰의 메시지를 우리에게 전한다.

〈패션 오브 크라이스트〉는 '이사야서 53장'을 인용하면서 시작된다. 게세마니 동산에서 체포되어 골고다 언덕에서 못 박혀 죽기까지의 12시간을 영화화했다. 철저히 예수의 수난에 포커스를 맞춤으로써 기독교 교리의 본질인 고통의 십자가와 부활을 그려내려 했다.

생전의 김수환 추기경께서도 "고난에 찬 예수의 생애에 큰 감명을 받았으며 많은 이들이 공감할 영화다"라고 말했

다. 하지만 냉정을 되찾고 영화적 관점에서 본다면 아쉬움
은 남는다. 왜 예수는 극한의 고통 속에서 최후를 맞고 마
침내 부활하였는가? 이 의문의 본질을 풀 열쇠를 갖지 못하
면 영화는 맥이 빠진다.

예수가 닭 울기 전 세 번 부인하리라 예언했던 베드로,
은전 30냥에 예수를 판 가롯 유다, 제사장들의 강력한 처
형 요구에도 예수를 죽이지 않기 위해 살인자 바라빠를 풀
어주기까지 했던 본디오 빌라도의 인간적 갈등도 잘 드러나
지 않는다.

20분간에 걸친 끔찍한 채찍질은 예수의 고뇌를 전달하
기보다는, 고통의 극사실적 묘사에 지나치게 치중하지 않았
나 하는 느낌이 들었다. 아니나 다를까. 극장을 나오던 학생
들이 주고받는 대화가 귀에 들어왔다. "기억나는 것은 예수
의 몸에 난 상처 자국 뿐이었다"고.

물론 성서에 대한 상식이 부족한 탓이리라. 그러나 영화
란 성서를 모르는 비기독교인들에게도 감동이 수반되어야
함은 마땅하지 않을까?

어쨌든 이 영화는 미국에서도 종교를 바라보는 관점에서
상당한 화제가 되었다. 덩달아 영화와 함께 출판계에서도
예수의 생애를 다룬 책들이 다수 출판되는 현상을 보였다.
기독교인들에겐 사순절이면 십자가에 못 박혀 처형된 인간
예수의 숭고한 뜻을 다시금 생각해 보게 하는 영화로 기억
될 것이다.

못 박는 자와 못 박히는 자들의 싸움은 계속되고 있다.
총선이 끝나도 후유증은 남는다. 못 박힌 자는 못 박은 자를
원망하고, 못 박은 자는 못 박힌 자의 현실을 까맣게 잊고 만
다. 2000년 전 청년 예수가 꿈꾸었던 평화는 아직 오지 않았
고, 외롭고 슬픈 사람들은 간절히 구원을 기다리고 있다.

기억하고 싶은, 기억해야 할 영화 〈부러진 화살〉

기억하고 싶은 혹은 기억해야 할 영화가 있다면 〈부러진 화살〉을 권하고 싶다. 안성기·문성근·이경영 등 젊은 세대와는 무관한, 그래서 관록이 돋보이는 배우들이 출연하지 않았다면 찾지 않았을지도 모른다.

실제로 큰 기대감을 갖고 극장을 찾은 것은 아니지만, 내가 본 한국 법정드라마 중에서 상당한 수작이라고 말하겠다. 물론 결말을 비롯한 영화적 장치가 다소 미흡한 부분이 더러 있었지만 별 4개를 자신 있게 그려본다.

통영엔 멀티플렉스 개봉관이 두 군데 있지만 한 군데는 명절 특선에 밀려 상영조차 하지 않았고, 상영극장 역시 하루 세 번, 그것도 저녁시간엔 9시 상영이니 "오고 싶으면 오고, 말고 싶으면 마시오" 하는 식이다.

직장인들의 황금시간인 7~8시를 굳이 피한 것은 나름의

이유가 있으리라. 인구 14만의 작은 도시이니 그럴 만도 하다고 마음을 고쳐먹었지만 영 개운치 않다.

썰렁하리란 예상과는 달리 제법 관객들이 있다. 영화가 진행될수록 처음 가졌던 선입견은 조금씩 무너져 갔고, 탄탄한 법정영화의 재구성에 몰입도는 높아만 간다. 극장을 나오는 사람들의 모습 또한 예상을 뛰어넘는 작품성에 찬사를 보내고 있었다.

관람 후 인터넷 검색을 해보니 포털사이트 평점에서도 10점 만점에 9점대를 기록하고 있고, 전국 245개 개봉관에서 선전을 펼치며 예상 외로 호평이 이어지고 있다고 한다. 순제작비 5억 원과 홍보·마케팅 비용 등을 합쳐 총제작비 15억 원이 소요된 저예산 영화치고는 수작임이 분명하다.

현재 한국 영화 감독은 장래가 촉망되는 감각적인 신인 감독들 한 부류와 이창동·봉준호·박찬욱·강제규·김지훈·윤제균 등을 비롯한 작품성과 흥행성이 예상되는 감독들이 주류를 이룬다.

이 두 부류를 제외하고는 중견 원로 감독들은 거의 설 자리가 없다. 드물게 임권택·홍상수·김기덕 등이 간혹 선보이지만 그들 역시 고전을 면치 못하고 있다.

이런 상황 속에서 1982년 데뷔한 정지영 감독이 야심차게 화살을 쏘았으니 반갑기 그지없다. 알다시피 그는 〈남부군〉(1990), 〈하얀전쟁〉(1992), 〈할리우드 키드의 생애〉(1994) 등 시대적 문제의식을 드러낸 작품들을 생산하였다.

〈남부군〉은 지리산 빨치산의 이야기이고, 〈하얀전쟁〉은 베트남전쟁에 참전한 사람들의 후유증과 비하인드 스토리를, 〈할리우드 키드의 생애〉는 할리우드 영화에 올인한 한 마니아의 비극적 삶을 그리고 있다.

〈부러진 화살〉은 이런 영화를 만든 정지영 감독이 아니면 소화하기 어려운 얘기라고 말하고 싶다. 우리는 몇 해 전 뉴스를 통해 이 사건을 알고 있다. 자신을 유죄로 재판한 법관을 향해 석궁 테러를 한 정신 나간 대학 교수 정도로 알려진 사건이다. 처음엔 다소 산만하게 전개되지만 서서히 이야기가 진행되면서 관객의 몰입도는 높아간다.

사무실을 닫을 형편에 있는 변호사 박원상, 열혈기자 김

지호, 정말 오랜만에 보는 나영희, 벽창호 대학 교수 안성기 등 무보수로 출연하며 의기투합한 배우들의 열연 또한 영화의 격을 높이는데 한층 기여한다.

대학입시 문제 출제를 잘 못하여 피해 입는 학생을 위해 이의를 제기한 교수를 재단은 철저히 외면한다. 그리고 법정에서도 그는 유죄를 받는 사회적 미아가 되고 만다. 이에 격분한 그는 석궁을 들고 판사집 앞에서 위협을 주려 한다. 하지만 그는 분명 쏘지 않았다고 한다. 재판도 하기 전 법관회의가 열리고, 그의 행위가 사법부를 향한 테러라고 규정하면서 엄벌의 대상이 된다.

영화는 이 사건 속에 돋보기를 들이대는 데, 관객은 결국 거대한 권력기관인 법원, 근엄한 법복을 입은 법관들의 권위를 지키기 위한 형편없는 재판 과정을 목격하게 된다.

아니, 재판을 빙자한 범죄임을 알게 된다.

우리는 도처에 이런 모순이 존재함을 알지만 그냥 대충 대충 살아간다. 분노하지 않는 사람들로 인해 우리 사회에는 억울한 피해자가 자꾸 양산된다.

요즘 정치인의 돈 봉투 사건이 대한민국을 떠들썩하게 한다. 그러나 우리 모두는 익히 안다. 선거 때 법정 선거비용으로만 선거를 치르는 이는 아무도 없다는 것을. 그런데도 드러난 하나를 두고 욕하고 손가락질하는 현실을 어떻게 볼 것인가.

고 김근태 의원이 생전에 선거비용에 관한 양심선언을 한 적이 있다. 이때 정치권은 어떠했는가. 그를 외계인 취급하며 아군을 욕되게 하는 혼자 만의 양심이라고 비아냥거리지 않았는가.

이 영화는 석궁테러라는 잊힌 사건을 다룬 법정드라마지만, 우리 사회 전반에 만연한 모순과 허위에 대한 통렬한 고발이다.

내가 아는 한 사립대학 교수는 학내 비리를 바로잡자고 앞장섰다가 재임용에서 탈락해 실업자가 되었다. 누가 그를 죄인으로 만드는가. 그는 결코 아닌 것을 덧씌워 학교의 명예를 더럽힐 사람이 아니다. 적어도 그가 앞장섰다면 분명 그 이상의 비리가 있었으리라 생각한다.

나와 내 이웃을 돌아보게 하는 영화 〈부러진 화살〉은 시대의 심장을 제대로 겨냥한 것이다.

미국식 영웅 만들기,
라이언 일병과 린치 일병

"딱 소주 한 병만 더 마시자!"

"그래, 한 병만 더…."

"여기 라이언 일병 구합니다."

영화 〈라이언 일병〉이 개봉된 이후 선술집에서는 이런 풍경이 더러 있었다. 딱 한 병은 라이언 일병 구하기가 아닌가.

그렇다. 영화의 영원한 소재는 사랑과 전쟁이 아닐까. 사랑이야 말할 것도 없지만, 지구상에서 한 번도 전쟁이 없었던 적도 없다. 포연 속에서 사람들은 끝없이 죽고 상처 입는다. 누구를 위하여 결전의 종을 울리나?

하지만 저마다 정답은 다르다. 한 가지 틀림없는 것은 병사 개인의 선택은 아니라는 사실이다. 역사는 힘 있는 누군가의 손에 의해 만들어져 왔다. 왕권이든 민중이든 거대한 힘을 분출시켜야 한다. 그러기 위해선 영웅이 필요하다.

그래서 전쟁은 영웅을 낳는다고 한다. 하지만 뒤집어보면 영웅은 탄생되는 것이 아니라 창조된다. 정교히 짜놓은 틀 속에 평범한 누군가를 끼워 넣어 호승심을 자극하게 한다. 그것이 바로 영웅 만들기의 진실이다. 만들어진 영웅은 사람들을 매료시키고 터무니없는 애국심을 부추긴다.

영화 〈황산벌〉은 우리 민족 대표적인 전쟁 영웅을 비틀어 보여주었다. 코미디답게 과장되고 황당해 보였지만, 화랑 관창의 장렬한 죽음은 황산벌 전투를 위한 신라인들의 고육책이었음을 엿보게 한다.

미국은 영웅 만들기의 대표적인 나라다. 전쟁과 성조기는 떼어놓고 생각할 수 없다. 두 형을 전쟁에서 잃은 막내 라이언 일병을 구하기 위해 사지로 뛰어든 소대원들의 희생

은 엔딩 장면에서 장엄하게 부활한다. 그들의 주검 위로 성
조기가 덮이고 국립묘지의 나팔소리가 울려 퍼질 때, 그 무모
했던 명령과 죽음은 곧바로 장렬한 애국심으로 탈바꿈된다.

그들은 이라크 전쟁에서도 어김없이 제시카 린치 일병이
란 영웅을 만들어냈다. 440여 명의 미군과 15,000여 명의
이라크 인이 죽은 이 전쟁의 명분과 애국심을 위해선 누군
가가 필요했다. 더구나 전 세계적으로 반전의 기운이 팽배
해 있는 시점이었으므로 19세 여군 린치 일병의 얘기는 절
묘한 타이밍이었다.

이라크군의 매복공격으로 동료 병사 11명이 숨졌고, 그
는 포로가 되었고 온몸이 개머리판으로 으깨진 상태로 특
수부대와 해병대의 작전에 의해 극적으로 구출되었다.

그 과정에서 최후까지 총기를 들고 항거했다고 언론들과

국방부는 영웅 만들기를 게을리하지 않았다. 하지만 그녀가 병상에서 깨어나면서 창조된 영웅의 일화는 허구였음이 드러나고 말았다. 당시 극도의 공포 때문에 총 한 방 쏘지 못하고 포로로 잡혔다고 말해버렸기 때문이다.

더스틴 호프만이 주연한 영화 〈리틀 빅 히어로〉는 영웅 만들기의 허구와 진실을 잘 보여준다. 이와 관련한 또 다른 영화, 덴젤 워싱턴과 맥 라이언이 주연한 〈커리지 언더 파이어〉도 기억난다. 그들은 영웅을 만들고 그 허구를 꼬집는 영화로 돈을 번다. 그래서 전쟁은 잔인한 폭력인 동시에 경제이기도 하다.

비현실적 슈퍼맨이 판치는 시대, 이소룡이 그리워진다

비틀즈의 '예스터데이'가 자주 들려오는 2층 서재. 한 쪽엔 중국의 고대 병기들이 걸려 있고, 벽면엔 각종 철학서 들과 무술 서적들이 빼곡히 자리하고 있다. 책상 위에는 쓰 다 만 각본과 비망록들. 창가에 앉아 철학과 영화에 대해, 가끔은 예언자처럼 죽음에 대해 말하곤 했다.

1973년 7월 20일, 퀸 엘리자베스 병원에서 33세의 나이로

요절. 장례식장엔 좀처럼 얼굴을 나타내지 않는 낯익은 한 사람, 스티브 맥퀸의 얼굴도 보인다.

동양인 최초의 미국 영화의 주연배우였으며, 경이적 무술 실력으로 할리우드를 평정한 이력의 소유자. 그는 〈당산대형〉, 〈정무문〉, 〈용쟁호투〉, 〈맹룡과강〉, 〈사망유희〉 등의 명편을 남기고 역사 속으로 사라진 전설적 액션배우 이소룡(李小龍)이다.

60~70년대의 극장가에는 '외팔이'라는 별명으로 불리던 사나이 왕우가 있었다. 홍콩에서 날아온 검객은 우릴 열광시켰다. 줄이 보이는 어설픈 와이어 액션이었지만, 숲을 날아다니고 밧줄에 묶인 채 상대를 베어 넘기던 장면은 엄격한 학교생활의 탈출구를 찾던 우리들을 매혹시켰다.

그때 이소룡은 차이나타운에서 왕우 주연의 〈용호투〉를 보면서 "칼 대신 발을 쓰란 말이야!" 하고 외쳤다고 한다.

그렇게 왕우의 60년대가 저물고 70년대 이소룡의 시대가 왔다. 쌍절곤과 맨발, 이상한 괴성, 그가 창안했다는 절권도라는 무술은 쉽게 왕우를 망각하게 했다. 이소룡은 그렇게 한 시절을 지배했다. 당시를 그린 영화 속에서도 예외는 아니었다. 〈친구〉에서 〈말죽거리 잔혹사〉까지. '말죽거리 잔혹사'는 이소룡으로 시작하여 성룡으로 끝난다.

80년대의 서막이었다. 이소룡 영화에서 스턴트맨으로 참여한 성룡의 시대가 시작되고 있었다. 79년 〈취권〉이 소개되면서 이소룡에서 성룡으로 바톤은 넘어간다. 박력 있는 절권도에서 술에 취해 휘청거리다 상대를 제압하는 코믹액션으로 시선이 옮겨지면서 이소룡은 기억에서 멀어진다.

우리나라의 청소년들에게 홍콩 무협영화는 거쳐야 될 통과의례처럼 자연스러웠다. 우리가 매혹된 스타들. 깡따위, 적룡, 로례 등등. 독자들이여, 그들과 함께 성장기를 보낸 친구들이 그립지 않은가?

　　10년 전 죽은 이소룡을 불러내어 그를 주인공으로 한 영화를 만들겠다는 뉴스가 들려왔다. 미국에서 〈드래곤 워리어(Dragon Warrior)〉라는 영화를 준비한다고 했으나 이후 감감 무소식이었다. 우리는 뉴스를 다 믿지 않는다. 섭외, 촬영, 편집, 극장 등 준비해야 할 것도 많고 변수도 많다. 그 동안 영화화의 소문은 무성했지만 공수표를 날린 영화들이 많았기에 믿지 않게 된 것이다.

　　어쨌든 비현실적인 슈퍼맨들이 판치는 시대 이소룡이 그리워진다. 현 세대에게는 그저 전설로 남은 한 사내, 촌스럽지만 주먹과 의리로 스크린을 정복한 쾌남아 이소룡. 컴퓨터가 만들어 낸 액션이 아닌 엎어지고 깨어지며 일어서는 영웅이 그리워지는 시대이니까.

질풍노도의 시대를 산
7080세대에게 갈채를

　7080은 문화다. 지나간 세대지만 그 세대의 것들이 새로운 이슈가 되고 또 하나의 물결을 만들어냈다. 끊임없이 변화하는 정보화시대를 살면서 처음에는 낯선 것들에 적응하지 못하고 조용히 지냈다. 얼마쯤 시대의 중심에서 비켜 서 있었지만 언젠가부터 서서히 자신의 목소리를 내기 시작했다. 하긴 그들이 누구인가. 권위주의 시대를 무너뜨리고 산업화를 일구어낸 혁혁한 공로자들이 아닌가. 결코 7080의 저력을 무시해선 안 된다.

　시계를 70년대로 돌려본다. 두 청년이 장발단속에 걸린다. 경찰이 한눈을 파는 사이 파출소를 빠져나와 달아난다. 경찰에 쫓기면서 청년들은 외친다. "왜 불러!"라고. 공손하게 '왜 부르세요?'가 아닌 반말 '왜 불러'는 기성의 권위에 도전한 청춘들의 외침이었다.

　그들은 삼등칸에 몸을 맡기고, 떠나버린 고래(희망)를
기다리며 '고래사냥'을 불렀다. 이룰 것도 이루어질 것도
없는 나날의 절망을 견디지 못한 녀석은 자전거를 탄 채
곧장 바다로 뛰어내린다. 송창식의 절절한 목소리를 통해
'날이 갈수록'이 울려 퍼지고 있었다. 바로 하길종 감독의
영화 〈바보들의 행진〉이다. 이렇게 청춘을 구가했던 그들
이지만 이제 빛이 바래고 잊혀져가고 있다.

　7080이라 불리는 그들은 산업화에서 정보화로, 군부정
치 사회에서 문민시대로 온 힘을 다해 버텨내며 오늘에 이
르렀다. 그들의 삶과 정신은 이제 낡은 앨범처럼 복고의 유

산으로 취급되고 있다. 하지만 역사에 단절은 없다. '왜 불러'처럼 그 시절 그들이 불렀던 노래는 영화 속에서 살아남아 끈끈한 생명력을 가진다.

〈살인의 추억〉을 보기 전, 나는 왜 굳이 살인에다 추억이란 말을 붙였을까 하고 생각했다. 하지만 중반 이후 애상적 음률에 실려 나온 노래 '우울한 편지'(유재하)와 '살인'이란 절묘한 결합은 이 영화의 완성도를 높이는 데 결정적 기여를 했다.

노래의 힘은 바로 여기에 있다. 80년대 어느 비 오는 날, 라디오에선 '우울한 편지'가 들려오고, 어디선가 살인이

일어날 것 같은 예감에 관객들은 긴장한다. 〈공동경비구역
JSA〉에서는 김광석의 '이등병의 편지'가 나온다. 이 노래
를 들으면서 군문을 들어서던 이들이 어찌 동질감을 갖지
않겠는가? 〈친구〉에서 여학생 그룹사운드의 '연극이 끝나
고 난 뒤'는 또 어떤가.

　이 세대와 노래가 절묘하게 어울린 영화로 우린 〈라디오
스타〉를 기억한다. 폐쇄 일보 직전의 영월지국과 LP판, 88
년도 가수왕에서 한물 간 스타(박중훈)와 이미 낡아서 쭈
글쭈글해진 매니저(안성기)가 빚어내는 하모니. 이 영화로
인해 노래방에 가면 간혹 "이젠 괜찮은데 사랑 따윈 저버
렸는데…" 하며 목청을 높이는 사람들이 있다. 주제곡 '비

와 당신'은 잔잔한 반향을 일으키며 이 세대의 애창곡이 되었다.

카메라는 영월 곳곳을 애정 어린 시선으로 잡아낸다. 장터 풍경, 동강 래프팅 등이 그것이다. 안성기는 맞춤형 대사를 쏟아낸다.

"근데 말야, 동강은 동쪽에서 시작되어서 동강이냐, 동쪽으로 흘러가서 동강이냐?"

이 한마디만큼 동강을 맛깔나게 표현한 말이 있을까. 자세히 보면 중국집 주방장으로 깜짝 등장하는 이준익 감독도 만날 수 있다. 이런 깨알 같은 재미가 쏠쏠한 7080세대의 대표적인 영화다. 이 영화도 〈쇼생크 탈출〉과 함께 명절안방을 찾아올 단골 대열에 들었다.

그 시절 그 노래를 부르며 걸어왔던 이들에게 영화는 친숙하게 다가온다. 바쁜 일상 속에서 7080세대는 영화와는 담을 쌓고 지내왔지만, 이젠 빛바랜 추억을 만나러 극장을 찾는다.

〈실미도〉, 〈태극기 휘날리며〉, 〈명량〉의 흥행 신화가 7080세대의 관람 없이 이루어질 수 있었을까. 공교롭게도 위에 예를 든 노래를 부른 가수(송창식·유재하·김광석)들은 벌써 고인이 되었다. 그러나 그들과 한 시절을 함께 한 세대의 가슴 속엔 뜨겁게 살아 있다. 이들의 역할은 아직 끝나지 않았다. 지나온 시대를 밀고 왔듯이 살아갈 날들을 붙안고 갈 것이다.

007영화 속,
한국과 일본의 두 얼굴

007영화에서 한국과 일본은 어떻게 비교되는가. 직접적으로 비교한 영화는 없다. 다만 한국은 세계 유일의 분단국가이기에 매력적인 소재임에 틀림없다. 북한은 물론 볼 것도 없이 '악의 축' 이미지로 등장한다.

2014년 8월 아시아태평양 지역의 안전보장을 논의하는 자리에서도 북한의 이수용 외무상은 "핵 억제력을 강화하기 위한 노력에 계속 박차를 가할 것이며, 이를 위해 어떤 행동도 다할 권리가 있다"고 밝혔다. 일본은 이런 북한에 대해 개방정책을 펴면서 동북아 정세를 그들이 원하는 방향으로 끌고 가려 하고 있다. 여기서 일본의 자국 이익을 위한 대외정책의 일단을 엿볼 수 있다.

그럼, 007영화에서 한국과 일본은 어떻게 비교될까? 매우 제한적이기도 하고 시점이 많이 다르기도 하지만, 영화를

통해서도 동방의 두 나라를 바라보는 그들의 잣대는 확연
한 차이를 보인다. 선악 대결 구도의 결정판인 007영화 속
에 그려진 한반도와 일본은 너무도 극명한 대조를 보여 기
분이 상하기도 한다.

　1969년 개봉된 007시리즈 5탄인 〈007 두번 산다(You
only live twice)〉는 작심하고 일본 문화의 전령사 노릇을
한다. 이 영화의 주 무대는 일본이다. 제임스 본드의 대명
사인 숀 코너리가 처음 찾아간 곳은 스모경기장이고, 실제
스모 챔피언이었던 사다노야마 선수를 등장시켰다.

　군이 접선 장소를 그곳으로 택한 이유는 무엇인가. 스모
는 가장 일본적인 것이며, 한 번 보면 단박 알 수 있는 매우
독특한 경기 양식이기 때문이다. 여기에다 본드 걸 역할을

한 기모노 여인, 다다미방, 온천, 일본식 전통 혼례 등 가정
생활은 물론 풍습까지도 죄다 보여준다. 뿐만 아니라 닌자
마저도 세계 평화를 위해 존재하는 비밀결사체로 등장시키
는 등 대책 없는 일본 홍보영화로 전락시킨다.

그렇다면 북한은 어떻게 그려지는가?

2002년에 개봉된 007시리즈 20탄인 〈007 Die another day〉는 북한군 장교의 빗나간 정복욕을 응징하는 내용이었다. 하지만 촛불시위로 불붙은 반미감정은 '영화 안 보기 운동'으로 이어졌고 흥행은 저조했다. 이 영화에서 북한군 박 대령은 전형적인 악의 축으로 등장한다. 물론 황당하고 어이없는 설정이다. 경제가 극도로 위축된 북한의 한 장교가 세계 장악을 꾀한다는 설정은 실소를 금할 수 없다.

내용은 뭐 전형적인 본드 영화의 공식을 따라간다. 북한에서 비밀 임무를 수행하던 제임스 본드(피어스 브로스넌)는 베일에 싸인 배신자로 인해 위기에 처한다. 동료 요원들이 희생되고, 자신은 북한군에 포로로 잡히게 된다. 포로 교환 협상으로 풀려나지만 제임스 본드는 살인면허를 박탈당한다. 이후 홍콩과 쿠바, 런던 등을 오가며 베일에 싸인 배신자의 정체를 찾아 나서고 본드 걸 징크스(할리 베리)를

만나고, 전 세계를 파멸로 몰아넣을 놀라운 신무기가 개발되고 있다는 사실을 알게 되고….

그렇다면 동일한 주제의 영화 속에서 두 나라는 왜 이렇게 대비되는 모습으로 그려질까?

원작자인 이안 랭커스터 플레밍(1908년 5월 28일~1964년 8월 12일)은 풍부한 사전 지식을 바탕으로 가장 일본적인 것을 보여주려 했다. 이에 비해 후자는 한반도의 상황을 이해하기보다는, 북한을 악의 축이란 관점만 빌려와 시나리오가 작성되었기 때문이다.

그것은 할리우드라는 막강한 영향력을 가진 시장에서 좀 더 능동적이고 전향적으로 대처하지 못했기 때문은 아닐까. 비록 전체 흐름을 바꾸진 못한다 하더라도 강원도 평창의 설경을 배경으로 스키를 타고 내려오는 장면을 연출한다거나, 007과 함께 평화를 수호하는 인물로 한국 배우가

등장했다면 하는 아쉬움이 남는다.

〈007 Die another day〉에서는 자오(릭 윤) 역의 한국계 배우를 만나게 된다. 이 작품이 그를 알린 계기가 되었다. 그런데 자세히 알아보면 그가 007영화에 출연한 최초의 한국계 배우가 아니라는 사실이다.

1974년 007시리즈 〈황금총을 가진 사나이〉에서 제임스 본드를 돕는 홍콩의 영국 정보요원 입 경위 역으로 출연한 오순택이란 배우가 최초의 출연자라고 한다. 그러나 그들 역시 다변화 되어가는 세계화 시대에 평화를 위해 극을 이끄는 비중 있는 인물로 등장하지는 못했다.

하긴, 한물 간 007시리즈에 등장하지 못한 것을 크게 아쉬워할 필요는 없다. 이미 김기덕 감독이 〈봄 여름 가을 겨울 그리고 봄〉으로 미국인의 관심을 받았고, 박찬욱 감독이 미국 현지에서 〈스토커〉를 찍어서 개봉하였으며, 봉준호 감독이 〈설국열차〉로 전 세계에서 통하는 인물임을 입증하고 있지 않은가.

인생은

모두가 함께 하는 여행이다

매일매일 사는 동안

우리가 할 수 있는 건

최선을 다해

이 멋진 여행을 만끽하는 것이다.

―영화 〈어바웃 타임〉 중에서

제6부

영화,
그 빈자리에 남은
사랑

곽경택,
〈똥개〉와 함께 밀양 가다

1

가마솥 걸어놓고 육두문자 퍼부으며

눈 뒤집고 혀 빼문 놈 몽둥이 찜질하는

기갈 센 황해도 아낙, 개 잡는 날의 오후

2

설워라 저승길도 맞으며 가는구나

상주도 백관도 없이 숯검댕이 매미들만

재우쳐 마른 곡하는 여름날의 긴 장례

—졸시, 「여름 삽화」 전문

　똥개는 서럽다. 마루 밑에서 주인이 남긴 밥을 먹고, 발
길에 채이고 집을 지키지만, 끝내는 가마솥 속에 들어가 허

기진 배를 채워준다. 민족의 영양식이 되어 준 똥개. 복날
은 애꿎은 개들의 장례일이지만, 2003년의 복날은 그들을
경배하는 날이었다.

　〈똥개〉를 통해 곽경택 감독의 노림수는 어느 정도 성공
을 거뒀다. 820만 관객 동원이란 경이적 기록을 세운 영화
〈친구〉는 영광인 동시에 그늘이었다.

　그 그늘에서 벗어나기 위해 내놓은 〈챔피언〉의 흥행 참
패는 더 큰 부담으로 작용하고 있었다. 그래서 그는 망가지
기로 작정하였다. 검정 양복과 횟칼, 고급 승용차와 룸싸롱,
거대 조직을 거느린 기업형 폭력 대신에 밀양이라는 소읍과
양아치들, 날라리 다방 아가씨와 낙천적 소시민인 수사과
장, 약간 나사 하나가 풀린 똥개 같은 녀석으로 승부한다.

　지금까지의 페르소나였던 유오성 대신에 정우성을 선택
한다. 미소년 정우성은 자신을 극한으로 내모는 청춘스타

의 이미지가 강했다. 이런 고정관념을 탈피하기 위해 함께 망가지기로 의기투합했다.

감독은 코드가 맞는 동료들을 대거 참여시켰다. 〈친구〉에서 콩글리쉬의 대명사로 맹활약한 영어선생 양중경은 부동산 브로커로, "너거 아부지 뭐 하시노?" 하며 뺨을 때리던 담임선생 김광규는 그의 똘마니로, 유오성의 사촌이자 오른팔이었던 김태욱은 정우성의 라이벌로 등장한다. 뿐만 아니라 황기석 촬영감독, 정종섭 메이킹 필름 스태프도 두 영화에서 함께 작업했다.

　화면은 낯익다. 삼랑진에서 김해 가는 철교, 강변도로, 영남루 앞 대교 등 밀양의 풍경이 정겹다. 월연정 아래 숨겨진 소롯길의 터널(일제 때 철길이었지만 지금은 좁은 찻길로 변했다)은 패싸움 장소로 선택되었다. 긴늪숲이나 호박소, 사자평 같은 밀양의 비경들이 보이지 않아 안타깝다. 감독은 일부러 아름다운 화면을 보여주려 하지 않는다. 서정성을 강조하다 보면 리얼리티를 잃기 쉽다는 생각 때문이었을까.

　영화 〈똥개〉는 양복도 회칼도 다 빼앗기고, 고추 내놓고 물구나무를 선 〈친구〉들의 또 다른 얼굴이다. 자꾸 벗어나려 하면 할수록 영화적 상상력은 갇히고 만다. 그것이 이 영화를 〈친구〉의 속편쯤으로 여기게 만든 요인이 되었다. 곽경택 감독의 노림수는 아직 절반의 성공밖에 거두지 못했다.

우리가 사는 세상,
섬인가 무인도인가

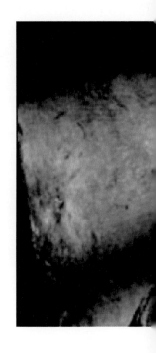

사람들 사이에 섬이 있다

그 섬에 가고 싶다

　　　　　　　　　―정현종, 「섬」 전문

　여백이 많은 시 「섬」이다. 여백이 많다면 생각의 공간이
많다는 뜻이다. 사람들 사이에 섬이 있다면 우리는 내 곁의
누군가와 상당한 거리를 가졌다는 것이다. 가까이 있지만
섬처럼 떨어져 있는 존재, 그것이 우리 현대인의 삶이다. 군
중 속의 고독은 너무 보편화 되었다. 함께 있는 우리는 서
로에게 이미 타인처럼 살고 있지나 않은지.

　세상은 열려 있다고 믿었다. 그런데 닫혀 있음을 아는 순
간 내가 곧 섬이었음을 깨닫는다. 존재하는 모든 정보는 실
시간으로 달려오고, 몰라도 될 것들이 악착같이 알아주길

강요하는 사회, 그런데도 사람들은 외롭고 고독하다. 사랑 받지 못하여, 눈 뜨는 하루가 절해고도 같아서 자살을 꿈 꾸기도 한다. 모든 것들과 연결되어 있지만 사실은 철저히 단절된 묵중한 성벽. 바로 우리 시대의 풍경화다.

그렇다. 우린 지금 무인도에 살고 있다. 이곳에선 아무도 자신을 구원해 주지 못한다. 철저히 혼자 적응하고 대처해 야 한다.

영화감독에게 무인도는 구미가 당기는 소재다. 단절된 곳에선 인간의 동물적 본성과 감춰진 것들이 쉽게 드러나 기 때문이다. 〈로빈슨 크루소〉, 〈15소년 표류기〉, 〈식스 데 이 세븐 나잇〉, 〈지중해〉, 〈파리대왕〉, 〈캐스트 어웨이〉 등 등 무인도를 소재로 한 영화들은 많다.

　신나는 모험과 호기심 가득한 관객들을 동시에 만족시키는 데엔 이만한 영화가 없다.

　〈캐스트 어웨이〉와 〈빠삐용〉은 단절에서 소통을 향한 몸짓을 보여주는 영화다. 〈빠삐용〉에서 스티브 맥퀸은 소통에의 강렬한 희구를 보여준다. 매번 실패하지만 끝끝내 좌절하지 않는다. 하지만 '드가' 역의 더스틴 호프만은 소통의 염원보다는, 절망적인 상황 그 자체를 인정하고 그곳에 안주하는 법을 배워간다. 그것은 사람의 또 다른 일면이기도 하다. 누구의 선택이 더 나았다고 단정지을 수는 없다. 스티브 맥퀸에게 단절은 죽음이다. 무엇을 이루기 위한 것이 아니라 탈출만이 유일한 존재의 확인이기 때문이다.

　이에 비해 〈파리대왕〉은 무인도라는 절대의 공간 속에서 만들어지는 또 하나의 세상을 보여준다. 이 영화는 낭만적 모험영화가 아니다. 표류된 25명의 소년 단원들은 사회에서

익혀왔던 질서와 협력을 묻어두고 차츰 이성의 반대편에 내재된 본성을 드러내기 시작한다. 이 과정에서 계급이 만들어지고, 파벌과 피아, 지배와 굴종, 광기 등을 드러낸다. 아이들은 차츰 힘의 논리를 인정하고 자연스레 폭력의 구조에 길들여진다.

노벨문학상을 수상한 윌리엄 골딩의 소설을 영화화한 것으로, 인간에 대한 물음과 엄중한 경고를 읽을 수 있다. 통찰력 있는 관객이라면 나와 내 이웃들에게 돋보기를 들이대어 좀 더 객관화시켜 볼 수 있는 계기로 삼기에 적당한 영화다.

나는 얼마만큼 열려 있는가? 혹시 무인도에 불시착하여 나를 지키기 위해 누군가에게 적의를 드러내며 살고 있지는 않은가? 내가 무인도에 갇혀 사는 것이 아니라 나로 인해 누군가가 무인도라고 여기게 한 적은 없는가 생각해 본다.

첩보원이 된
'미스터 빈' 로완 앳킷슨

　2014년 '미스터 빈'으로 유명한 로완 앳킷슨은 왜 중국을 찾았는가. 단순히 여행을 온 것이 아니다. 텔레비전 광고 촬영을 위해 중국 상하이를 찾아, 아줌마들과 함께 광장무를 선보였다고 한다.

　인터넷에 검색된 몇 장의 스틸 사진에서도 특유의 코믹하게 일그러뜨린 얼굴을 볼 수 있었다. 그의 일거수일투족은 곧바로 인터넷을 타고 세계로 번진다. 난 단언컨대 현존하는 최고의 코미디 배우로 로완 앳킨슨을 꼽는다. 배삼룡과 심형래가 한국을 대표하는 바보라면, 칠푼이 같은 천재 찰리 채플린이 떠난 자리를 로완 앳킨슨이 메우고 있다.

　그는 영국 올림픽 개막식에서도 당당하게 한 자리를 차지하였다. 폴 매카트니, 데이비드 베컴, 조안 K 롤링, 엘리자베스 2세 등등 워낙 명품이 많기에 돋보이진 않았지만

분명 그도 올림픽 개막식을 장식한 인물이었다. 그런 그가 총을 든 첩보원으로 나오는 영화가 있다? 그것도 제임스 본드가 되어 말이다. 귀여운 바보 혹은 가장 바보 같은 천재라 불리는 그가 총을 든 남자라니. 2003년 영국에서 만든 스파이 코미디물 〈쟈니 잉글리쉬〉가 그것이다.

"두려움은 모른다. 위험 따위도 모른다. 사실은 아무 것도 모른다."

이런 바보가 사담 후세인과 대면하는 등 국제적 범죄조직과 총을 들고 겨루는 코믹 첩보물이다.

제임스 본드는 남자들의 로망이지만 제일 싫어하는 유형이다. 잘 생긴 외모, 살인면허를 가진 첩보원, 늘 세계 각국의 미인인 본드 걸을 대동하며 등장하고, 상대를 죽이긴 하

지만 자신은 절대 죽지 않는 인간 불사조, 이런 인간을 어찌 좋아하지 않을 수 있으랴. 지구촌 평화를 위한다는 명목으로 바람을 피워대는 그를 대하는 여자들의 생각도 우습긴 마찬가지다. 평소 이런 바람둥이라면 난리를 치는 그녀들도 본드만큼은 늘 예외다. "이런 남자라면 언제나" 하고 달려가는 것이 여자의 속성이다.

〈쟈니 잉글리쉬〉는 바보 로완 앳킨슨을 내세워 이런 완벽한 남자 본드의 허를 찌르는 쾌감을 맛보게 한다. 격투기 실력도 형편없고 수려한 외모와 화술도 없는 그가 운빨에 기대어 미션을 수행한다는 설정은 말이 안 된다. 하지만 우리는 그 말이 안 되는 영화를 돈을 내고 본다. 너무나 멋진 대상인 제임스 본드를 슬며시 꼬집어보고 싶은 또 다른 욕망이 우리를 극장으로 인도한다.

이런 패러디적 성격을 띠는 영화에는 그가 적격이다. 패러디 영화 마니아들은 주류를 비틀고 풍자하여 기존의 권위에 똥침을 놓는 장면에서 통쾌해 한다. 패러디는 박제된 권위를 까뒤집어 그 이면에 내재된 부조리를 보게 하는 무기로 사용된다.

완벽한 남자 제임스 본드를 패러디한 또 다른 영화로는 〈오스틴 파워〉 시리즈 3탄이, 007시리즈 세 번째 작품 〈골드핑거〉를 패러디한 〈골드멤버〉가 있고, 정보요원 이야기 〈스파이 하드〉를 패러디한 영화로는 레슬리 닐슨의 〈총알 탄 사나이〉 시리즈가 있다. 이렇듯 경찰과 첩보원은 패러디 영화의 좋은 소재거리가 된다.

때로는 경찰관도 이와 유사하게 표현되기도 한다. 불의 앞에선 과격할 정도로 용감하고(〈더티 해리〉의 클린트 이스

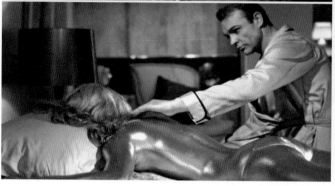

트우드), 우직하게 사건에 집착하는(《공공의 적》의 설경구)
의리의 사나이로 각인되어 있다. 이런 정형화된 의식들은
진실이 아닌 줄 뻔히 알면서도 우린 은연중에 지배당한다.

　이 영화에서도 주인공은 트레이드 마크인 '미스터 빈'의
이미지로 승부한다. 너무나 열성적으로 맡은 임무를 수행
하지만, 애초부터 그의 능력은 첩보원과는 거리가 멀다. 이
런 무능하고 진지한 첩보원의 활약은 관객들에게 무한한
측은지심을 불러일으킨다.

　패러디 영화의 주인공들은 자신이 출연한 영화를 패러
디하지는 않는다. 하지만 앳킨슨은 007영화 제13탄 〈네버

세이 네버 어게인)(물론 이 영화 역시 007 주류 영화에 속하지는 않는다)에 출연한 적이 있다. 그는 숀 코너리를 마중 나가는 너무나 정상적인, 그래서 전혀 웃기지 않는 역할의 내근직 직원으로 분해 있다.

혹시 앳킨슨은 이 영화에 출연하면서, 언젠가 어리버리한 첩보원을 연기하여 멋지게 각인된 007을 꼬집어 상처내고 싶은 생뚱한 생각을 하지는 않았을까. 그리하여 세상이 그려 놓은 박제된 이미지에 대항하는 진정한 문화 게릴라의 역할을 자임하지나 않았을까.

아듀, 2003년
한국 영화

   2003년 한 해 우리나라 영화계는 어떤 모습으로 달려왔을까.

   금년 상반기 한국 영화는 관객점유율 51.3%를 기록하며 중흥기의 진입을 예고했다. 예년에 비해 블록버스터 영화가 별로 제작되지 않은 상황에서 기록한 이 수치는 영화 선진국을 향한 잠재력을 여실히 보여주었다. 그러나 이 기록은 스크린 쿼터 폐지 논란에 불을 붙이는 계기가 되기도 했다.

   가뜩이나 경제가 어려운데 '영화가 밥 먹여 주냐?'는 경제론자들과 '정체성 확립을 위해 사수해야 할 문화'라며 영화인들은 입을 모아 설전을 벌였다.

   이런 논란의 와중에서 급기야 임권택 감독은 6월 17일, 한 신문과의 인터뷰에서 "만약 우리 정부가 미국의 요구를 대폭 수용하여 스크린 쿼터를 축소하는 사태가 일어난다면

그날로 나는 영화를 그만 두겠다"는 폭탄 선언을 하기에 이른다.

2003년 한국 영화는 관객점유율에 비해 영화제 쪽의 수확은 별로였다. 〈바람난 가족〉이 제30회 플랑드르국제영화제에서 최우수 감독상을 받았고, 김기덕 감독의 〈봄 여름 가을 겨울 그리고 봄〉이 로카르노영화제에서 4개 부문을 수상하였다.

그러나 칸과 베를린 등의 권위와 전통을 인정받는 영화제 수상 소식은 없었다. 그 이유는 아무래도 관객들의 취향 탓이 아닐까 여겨진다. 삶이 힘들어진 만큼 관객들은 가벼운 코미디와 섹스 쪽으로 눈길을 돌린다.

이런 현실이 작품성과 예술성이 강조되는 영화에 대한

투자를 인색하게 한다.

2003년도 한국 영화의 스크린을 책임진 배우는 누구일까? 아무래도 〈살인의 추억〉의 송강호와 〈올드 보이〉의 최민식이 아닐까 싶다.

송강호는 책임감은 강하지만 얼뜨기 같은 역할의 시골 형사로 분해 빛나는 조연들과도 자연스런 조화를 이루어냈다.

최민식은 특유의 카리스마로 스크린을 지배했다. 그의 열연은 다른 배우를 상상하기 어려울 정도였고, 시나리오 속에 깊게 스며들어 제 나름의 인물을 창조해 냈다. 역시 이들은 우리 시대 최고 배우임을 입증해 보였다.

이 두 영화는 관객의 취향에 함몰되지 않고 감독의 뜻대로 진지하게 만들어졌다. 관객들 역시 이런 정통성을 외면

하지 않았다. 사극이 퓨전으로 가고, 조폭이 코미디로 둔갑되지만, 아직 우리나라의 관객들은 작품성으로 승부하는 영화를 기다리고 있다.

〈살인의 추억〉이 500만 명을 돌파하고, 〈올드 보이〉와 〈똥개〉, 〈싱글즈〉가 기대만큼의 흥행을 기록했다. 연말에 걸린 〈실미도〉 역시 작품성과 흥행이란 두 마리 토끼를 함께 겨냥하고 있다. 올 하반기 최고의 화제작으로 떠오른 〈실미도〉의 흥행 결과는 밀도 있는 구성과 뭉클한 감동이 있었기에 가능하다. 내년이면 1,000만 관객 동원이란 목표가 달성될까 그 귀추가 주목된다.

명절이 두려운
청춘들에게 권하는 영화

명절을 피하고 싶은 청춘들이 있다. 그대들이여. 지난 명절은 무사하였는가?

"너 언제 떡국 먹여 줄래?"

"아직도 백수냐? 쯧쯧!"

이들 청춘들에게 명절 후유증은 오래 간다. 현실을 잠시 잊어보는 마취약은 필수다. 이럴 때는 역시 영화가 제격이다. 극장이 부담스럽다면 몇 편의 CD라도 틀어 하루쯤 '방콕!'하며 게으름을 피워보는 것도 좋으리라. 그대를 닮은, 결코 원하지 않았던 인고의 세월을 건너는 이들도 만날 수 있을지도 모른다. 그래서 지금부터는 한 배우가 연기한 인물들의 여러 유형에 관한 얘기를 해보고 싶다.

● 순수 : 서울 가리봉동에 사는 한 청년이 있었다. 철길 아

래로 한가로이 강물이 흐르는 곳으로 야유회 간다. 손가락
으로 들꽃을 찍는 시늉을 하며 사진을 찍고 싶다고 했다.
하루에 천 개의 사탕을 싼다는 그녀의 눈빛은 맑다. 군인
이 된 청년은 광주항쟁에 투입되어 진압군이 되었고. 실수
로 한 소녀를 쏘아 죽인다.

● 폭력 : 잠재된 기억은 폭력을 낳는다. 그는 형사가 되어 민주화운동을 하는 학생들에게 무시무시한 고문을 가한다. 더러운 오늘을 잊기 위해 술집에서 김수철의 '내일'을 부르지만 꿈은 실종되고 없다. 그를 찾아온 순수했던 시절의 그녀 앞에서 여종업원의 엉덩이를 만진다. 그에게 광주는 영원히 잊혀지지 않는 족쇄다.

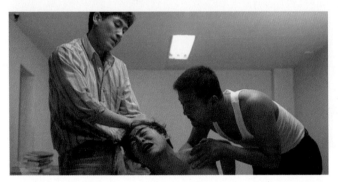

● 허무 : 사랑은 없다. 그저 일상이 있을 뿐. 아내의 불륜 현장에서 사내에게 주먹을 휘두르지만 그 폭력은 자신을 향해 있다. 무언가에서 벗어날 수 없다는 예감은 사람을 체념하게 한다. 그도 곧바로 사무실 경리 아가씨와 카섹스를 나눈다. 몰입도 의미도 없는 허무만이 화면을 가득 채운다.

● 열망 : 그에게 남은 건 권총 한 자루 뿐. 이혼한 아내도 사기 친 동업자도 저승길의 동반자는 아니다. 옛 그녀의 임종을 보고 난 후, 처음 그녀와 만났던 곳에서 죽음을 결행한다. "나 돌아갈래!" 순수했던 옛날을 생각하면서 시간을 거스르는 의식. 그에게 죽음은 회귀를 위한 열망이었다.

● 광기 : 광기에 사로잡힌 눈을 본 적이 있는가. 생명의 끈을 붙잡은 사형수. 누구 하나만 죽이면 생명을 보장한다. 오직 죽이기 위한 훈련에 목숨을 걸었지만 그들이 죽여야 할 대상은 없어지고 약속은 물거품이 되고 만다. 절망을 넘어서는 분노는 광기가 된다.

● 기쁨 : 아무도 날 사랑하지 않는다. 괜찮다. 가족을 위해 대신 감옥에 가지만 억울하지 않다. 내게 억울함이란 존재하지 않으니까. 어머니 생신날 뇌성마비 그녀를 한사코 데려온다. 왜? 좋은 날이고 내 사랑이니까. 그들 둘이 사랑하는 행위가 남이 보면 엽기요 범죄다. 그래서 다시 감옥에 간다. 기쁘게.

배우 설경구. 그는 여러 다채로운 인간의 모습을 보여주었다.

〈박하사탕〉에서는 '순수'에서 '폭력'으로 다시 '허무'에서 신생을 '열망'했지만 종래엔 지독한 절망을 안고 기차와의 정면충돌을 결행하고 만다. 〈실미도〉에서는 역사 속 길 잃은 청춘들의 광기를, 〈공공의 적〉에서는 사회정의를 구현하는 신념을 가진 바보를, 〈역도산〉에서는 자신의 존재 확인을 위해 끊임없이 스스로를 내모는 영웅을, 〈오아시스〉에서는 모두가 버린 오염된 웅덩이 속의 소금쟁이의 모습을 보여주었다.

그들은 시방 그대들이 꿈꾸는 이상은 아니다. 다만 영화 속 청춘들의 거울을 통해 현재 나의 모습을 비춰보면 어떨까. 그들에 비해 지금 나는 얼마쯤 행복하고 불행한가. 절망하는 이에게 청진기를 갖다 대보자. 명절이 두려운 청춘들에게 영화는 알맞은 치료제가 된다.

지난 연대의 이슈,
스크린쿼터를 아시나요?

330척에 맞
역사를 바꾼

현 세대의 사람들에겐 생소한 용어가 있다. 스크린쿼터,
지금은 잊혀졌지만 10년 전만 해도 한국 영화의 사활이 걸
렸다고 여겨졌던 용어다. 이는 자국의 영화를 보호하기 위
해 극장에서 일정 기준의 국내 영화를 상영하도록 하는 제
도를 말한다.

당시 한국에서의 의무 상영일수는 연간 146일(40%), 한
국 영화 수급 상황을 감안하면, 실제로는 106일 정도 되는
날수로 계산되었다.

그리 오랜 옛날도 아닌데 지금 보면 케케묵은 이야기처
럼 들린다. 멀티미디어관에서 같은 영화가 동시다발적으로
걸리고, 수백만에서 천만 관객이 쉽게 드는 구조가 된 현
상황에서 스크린쿼터는 옛말이 되고 말았다. 지금은 오히
려 잘 나가는 한국 영화의 스크린 독과점이 큰 문제다.

럭의 배
전쟁이 시작된다

　관객 동원 신기록을 수립한 〈명량〉의 경우 개봉 초반 최
대 1,586개의 스크린을 걸었다. 이는 국내 스크린 수 2,584
개 중 상영관 과반을 장악하는 숫자다. 이때 들어온 외화
라면 사생아가 되고 만다. 과거 우리가 걱정했던 우려의 반
대 현상이 생긴 것이다.

　물론 〈명량〉이 그렇다고 해서 당시의 걱정이 결코 기우
는 아니다. 언제까지나 우리 영화가 외화 관객을 압도한다
는 보장도 없다. 그때가 되면 이런 문제는 언제든지 다시 불
거질 수도 있다.

　2004년 6월 3일, 서울 그랜드호텔 컨벤션홀에서는 아시
아·태평양·유럽·아프리카·북남미 등 57개국 400여 문화
전문가 단체 대표, 국제기구, 정부기관 대표들이 모여 '한국

의 스크린쿼터 현행 유지 긴급 결의문'을 만장일치로 채택
하고 최종 선언문을 발표하기에 이른다.

당시 문화부는 매우 민감한 과제였기에 표정관리가 쉽지
않았다. 당시 이창동 장관의 입을 통해 축소 발언이 나왔지
만, 문화부는 단 하루도 축소하지 않겠다고 말했다.

그만큼 미국의 압력이 전방위적으로 가해지고 있을 때였
고, 한국 영화의 내일을 보장받을 수 없다는 우려가 컸던
것이다. 이에 네티즌들은 불가와 찬성의 대립각을 세우고
논쟁하였다.

찬성 쪽의 입장은 통상이란 경제적 측면을 고려할 때 보
호정책은 한계가 있으며, 무제한적으로 경쟁해야 진정한 경

쟁력을 확보할 수 있다. 또한 폐지가 아니라 축소이므로 탄력적으로 시행할 수 있다는 것이었다.

반대쪽 입장은 이 제도는 국제법상 전혀 문제가 없는 정당한 문화정책이며, 그 효율성은 국제적으로도 인정받고 있다. 뿐만 아니라 주권국의 문화 정체성과 다양성을 보장받기 위해서라도 반드시 지켜져야 한다고 목소리를 높였다.

이 두 주장은 나름 일리가 있었기에 정부로서도 결정이 쉽지 않았다. 하지만 이 두 가지를 동시에 만족시킬 수 있는 대안도 방안도 없었다. 한 번 축소된 것을 다시 제자리로 갖다 놓는 일은 그저 설득을 위한 말에 불과할 뿐이고, 고수할 경우엔 사사건건 통상에서의 불이익을 감수해야 될 것이 뻔했기 때문이다.

미국의 이런 압력이 국제사회에서는 어떻게 인식되었을까?

예술 작품은 한 개인, 나아가 한 국가의 경험과 정체성을 표현하는 수단이므로 다른 상품 서비스와는 본질적으로 다르다. 진정한 세계화는 다양하고 독특한 민족문화를 인정하고 수용할 때 구현된다.

할리우드는 타국 영화 정책의 개별성을 인정하고, 그 바
탕 위에서 작품의 변별력을 통해 경쟁력을 확보하여야 한다.

영화는 영화적 시각에서 바라보아야지 국제무역 협상의
차원에서 보아서는 안 되며, 유네스코에서 작업 중인 「문화
다양성 협약」과도 정면 배치된다는 인식이 팽배해 있었다.

영화인 장관 이창동의 입장에서는 난감했을 주제였다.
"만약 스크린쿼터 압력에 굴복한다면 당신도 다시 감독으

로 돌아왔을 때 〈오아시스〉 같은 작품을 생산할 수 있을지 염려된다"고 말들을 하곤 했다.

그러나 지금 우리 영화의 현실은 어떤가?

봉준호 감독이 미국에서 〈설국열차〉를 찍어 전 세계에 배급하고 있고, 우리 영화들을 할리우드가 리메이크하고 있으며, 이병헌이 〈레드 : 더레전드〉에서 브루스 윌리스와 어깨를 겨루며 스크린에 등장하고 있지 않은가.

지난 연대의 이슈였지만 벌써 이 용어는 박물관에 장식되거나 사전 속에서 과거를 상징하는 말로 규정되고 말았다. 영화도 많이 변했지만 영화시장도 엄청나게 변했다.

기왕이면
공부하는 마니아가 되어라

'마니아'를 사전에 찾아보면 "어떤 한 가지 일에 몹시 열중하는 사람"이라 설명되어 있다. 그렇다면 번역할 우리 말이 쉽게 떠오르지 않는다.

영화, 스포츠, 뮤지컬 등 자신의 취미라면 마니아적 기질을 발휘하면 훨씬 재미있게 다가갈 수 있다. 그러나 좋아한 다고 마냥 마니아가 되는 것은 아니다. 재미만 좇다보면 금 방 실증을 느끼게 되므로 지속적으로 좋아하기가 쉽지 않 다. 바로 재미 이상의 것에 다가가는 것이 힘이다.

그렇다면 그 힘은 어디서 오는가? 정답은 지식을 넓히는 것이다. 남에게 나의 취미를 알려주되 유익한 정보와 함께 전달하면 신뢰를 주게 된다.

〈적벽대전 2〉는 오우삼 감독과 양조위, 금성무 등 유명 배우들이 총동원 된 영화다. 알다시피 오우삼은 중국 출신

으로 할리우드에 진출하여 성공을 거둔 감독이다. 존 트라볼타, 니콜라스 케이지가 주연한 〈페이스 오프〉, 톰 크루즈 주연의 〈미션 임파서블 2〉 등 블록버스터를 솜씨 있게 요리하여 능력을 입증했다.

어디 그뿐인가. 양조위는 〈중경삼림〉, 〈무간도〉, 〈색·계〉를 통해 연기력을 입증한 홍콩의 대표 배우이며, 금성무는 〈연인〉, 〈타락천사〉, 〈친니친니〉 등에서 개성 연기를 뽐낸 미남 스타다. 이들이 힘을 합쳐 만든 영화이니 어찌 관심이 가지 않을 것인가.

하지만 이 영화를 말하면서 이 정도의 설명만으로는 부족하다. 누구나 알고 있는 것은 지식이 아니라 상식이기 때문이다. 거대한 화공이며 화려한 출연진, 수많은 단역들 등

스케일이야 극장에 가지 않아도 다 안다. 실제 소설「삼국
지」를 읽은 이라면 시나리오에 더 눈길을 주게 된다.

　소설을 읽지 않고 영화만 본 사람이라면 정말로 소교(주
유의 부인)가 혈혈단신 오나라의 진중을 떠나 위나라 조조
에게 가서 화공을 펼칠 시간을 준 것으로 오인할 수 있다.

그러나 소설 속에는 소교에 관한 내용은 단 한 줄 정도, 그것도 허구의 말을 꾸며낸 것이다. 제갈량이 전쟁을 망설이는 오나라의 대도독 주유를 찾아가서 "조조가 소교를 탐낸다"고 지어 낸 말을 한다. 이에 격분한 주유가 손권에게 전쟁의 당위성을 설명하여 적벽대전은 시작된다.

　그러므로 영화 〈적벽대전 2〉는 미인계를 내세운 상상력의 영화라 할 것이다. 어쨌든 이 영화는 잠깐 소설 속에서 지어낸 거짓말 한마디를 바탕으로 전체 얼개를 만들었다. 이 때문에 소설 속에는 중요한 부분으로 등장하는 '고육지계(苦肉之計)'는 완전히 생략된다.

　조조군에게는 채모와 장윤이란 수전에 능한 장수가 있다. 이들을 제거하지 않는 한 적벽대전의 승리는 장담할 수 없다. 그래서 부득이 오나라의 노장군인 황개에게 가혹한 태형을 집행한다. 황개의 배신을 조조가 눈치 채지 못하게 하기 위해 부득이 이런 고육책을 쓴 것이다. 그 와중에서 채모와 장윤은 죽임을 당하고 만다.

　이 틈에 또 한 사람의 뛰어난 책사 방통은 조조에게 배들을 묶는 연환계를 쓰게 한 후 나중에 화공계로 위군을 멸한다. 이 부분은 적벽대전에서 매우 중요한 계략인데 소

교의 비중으로 스치듯 처리된다.

하긴 상상력은 소설 「삼국지」도 예외는 아니다. 정사에는 적벽대전의 거대한 전쟁은 없다. 전쟁을 위해 조조가 대군을 일으켰지만, 돌림병으로 인해 군사를 철수하였고, 이로써 유비는 형주와 강남의 여러 군을 차지했다는 짤막한 내용이 전부다.

이렇듯 기왕에 영화 한 편을 제대로 보려면 소설을 읽고 보는 것이 좋다. 그래서 어떤 점이 다르고, 다르다면 감독이 왜 다르게 표현하였는가를 생각하면서 본다면 영화 요금의 두 배를 즐길 수 있다.

마니아적 기질은 이런 욕구를 갖게 한다. 정사의 한 부분을 소설적 상상력으로 진화시키고, 다시 흡인력을 가진 영화의 변용에 이르는 과정을 곱씹어 보면 재미의 극대화를 맛보게 될 것이다.

〈김약국의 딸들〉
—유현목 감독, 1963년, 흑백

영원한 영화(榮華)는 어디에도 없다. 그러나 그로 인한 폐허 또한 영원하지 않다. 나는 박경리의 소설 「김약국의 딸들」을 자신의 고향 통영에 바치는 헌사로 읽었다.

통영시 명정리 출신인 작가는 통영 곳곳을 소설 속에 아로새겨 놓았다. 그것이 바로 통영을 진정한 예향으로 만들고 있다. 통영인의 삶 속에서 기억되는 통영이 아니라 통영과 무관한 이에게도, 이 시대를 함께 살지 않은 이에게도 통영을 마음의 고향처럼 가깝게 여겨지게 했기 때문이다.

EBS에서 방영한 〈김약국의 딸들〉을 보았다. 이 영화를 볼 기회는 거의 없었다. 마산영화자료관(관장 이승기)에 문의해 보았지만, DVD도 비디오테이프도 갖고 있지 않다고 했다. 그곳에서도 EBS 방영물을 녹화하여 보관하고 있다고 한다.

　　소설「김약국의 딸들」이 언어로 통영을 존재하게 했다면, 이 영화는 영상으로 1963년 당시를 존재하게 한다. 몇 장의 사진으로만 남아 있는 그때를 영상으로 보여주는 것은 사료적 가치가 크다. 남망산에서 바라보는 항남동과 강구안 그리고 장터 풍경은 타임머신을 타고 과거로 가게 한다.

　　1963년 제작된 영화지만 현대 영화에 비해 전혀 손색없다. 지나친 비약으로 관객을 현혹케 하는 현대극보다 훨씬 리얼리티가 살아 있어 잔잔한 감동을 자아낸다. 유현목 감독의 화면 곳곳에 진정성이 묻어난다.

　　"정치는 최고의 예술이고 혁명은 로맨틱하다."

　　이 말은 당시 최고의 배우였던 신성일이 조연으로 출연하여 한 말이다. 그는 주인공 둘째 딸 용빈의 사촌오빠로

나오는데, 독립운동을 하는 젊은 로맨티스트를 연기했다.
물론 혁명가는 그의 친구(나중에 용빈의 남편이 될 사람)를
가리키는 데, 현재의 강구안을 걸으며 한 말이다.

"저 노파가 물 푸는 노역이 싫다고 바가지를 내던질 수
있을까요? 안 푸면 배는 가라앉고 생명은 죽고 말지요. 인
간 세상에는 비극이 없는 곳이 없는데 미칠 것만 같은 슬
픔과 괴로움을 삼키고 극복했을 때 비로소 인간은 비극을
짓밟고 살 수 있는 것이죠."

이 말은 독립운동가이며 혁명가인 사내가 고통의 한을
품고 통영을 떠나려는 용빈에게 한 말이다. 김약국집의 대
를 이은 비극을 가슴 속에 품고 살기보다 그 비극을 짓밟
고 다시 일어서려는 의지를 갖기 원한다. 이 말은 이 영화
의 주제라고 보면 된다.

호주 아이가

한국의 참외를 먹고 있다.

호주 선교사네 집에는

호주에서 가지고 온 뜰이 있고

뜰 위에는

그네들만의 여름하늘이 따로 또 있는데

길을 오면서

행주치마를 두른 천사를 본다

—김춘수, 「幼年時 1」 전문

당시 영화로는 흔치않게 외국인 여성이 등장한다. 그녀
는 선교사의 부인이며 용빈의 상담역으로 나온다. 소설엔
이렇게 묘사되어 있다.

"용빈은 어릴 때 주일학교에 나가면서부터 영국인 힐러
선교사와 전도사 케이트 양으로부터 사랑을 받았다. 그들은
총명한 용빈을 가리켜 신의 축복을 받은 아이라 하였다. 그
들이 살고 있는 붉은 벽돌집은 김약국 집에서 과히 멀지 않
은 곳에 있었다. 김약국 집에서도 바라볼 수 있었다."

그렇다. 이 호주 선교사의 집은 통영교회 120년의 역사
이며 신교육의 전당이었다. 이 집은 김춘수의 유년기 뿐만
이 아니라 유치진, 유치환, 김상옥, 윤이상, 전혁림 등등에게
도 예술적 영감을 준 곳이라 한다.

엄앵란, 김동원, 황정순, 박노식, 신성일, 황해, 최지희 등
당대를 주름잡았던 배우들의 열연이 볼만한 수작이다.

경남의 영화 세트장 두 곳,
〈단적비연수〉와
〈태극기 휘날리며〉

　영화는 판타지다. 촬영 현장이나 세트장을 가보면 "이런!" 하며 실망하기도 한다. 물론 관객들이 이런 식의 연출을 모르지는 않는다. 하지만 사람들은 알면서도 인정하지 않으려는 이중성을 갖고 있다. 그래서 드라마나 영화 속 주인공과 동일시되어 울고 웃을 수 있는 것이다.

　스케일이 큰 영화일수록 허구일 가능성이 크다. 엄청난 홍수, 별의 소나기, 대 전투 장면 등등은 거의가 컴퓨터 그래픽에 의존한다. 심지어 조그마한 미니어처를 동원해 어마어마한 해전을 연출하기도 한다. 작은 물탱크를 만들어 규칙적으로 파도를 일렁이게 하고, 손바닥만한 배들을 바람에 불려 띄워 놓는다. 그리곤 드라이아이스로 안개를 만들고 적절한 조명으로 해전 장면을 사실감 있게 그려낸다.

　정치와 미디어와의 상관관계를 블랙코미디로 보여준 영

화 〈왝 더 독〉은 영화적 허구를 실감나게 보여준다. 이 영
화 속에선 뉴스를 영화로 만들어 내보낸다.

백악관은 재선을 위해 정치 문제 해결사 브린(로버트 드
니로)과 제작자 모스(더스틴 호프만)를 시켜 알바니아에서
전쟁이 났다고 뉴스를 내보낸다. 스튜디오에서 촬영한 소녀
의 모습은 포염 속에서 고양이를 안은 놀란 소녀가 다리를

뛰어 건너오는 모습으로 변해 있다. 이런 식의 연출로 인해 유권자들의 마음을 움직이고 마침내 현 대통령은 재선에 성공한다.

이처럼 영화는 허구와 실제의 경계 위에 서 있다. 허구를 통해 사실에 접근케 하는 가장 적절한 매체가 영화임을 인정하지 않을 수 없다. 그래서 영화는 우리를 혹하게 한다. 그렇다면 거꾸로 내가 본 영화가 어떻게 촬영되었는지를 체험해보는 것도 또 다른 재미일 수 있다.

영화를 좋아하는 이들이라면 영화 세트장과 주변을 둘러보는 것은 어떨까? 합천군과 산청군의 경계를 이루는 황매산은 경남 지역의 대표적인 영화 촬영지다. 산청군에 위치한 산자락엔 박제현 감독의 〈단적비연수〉(강제규 필름 제작) 촬영 세트장이 있다. 멀리 지리산 천왕봉이 보이는 산중턱에 초가이엉으로 엮은 가옥 27채가 그대로 보존되어

있다. 영화의 80% 정도를 이곳에서 찍었다.

또한 황매산을 반대로 한 바퀴 돌아 내려오면 합천군에 위치한 합천호 보조댐 앞에는 〈태극기 휘날리며〉 촬영 세트장이 있다. 전쟁 당시의 서울 시내 전경과 피란열차 등이 보존되어 있다. 〈단적비연수〉 촬영지가 산중턱에 위치해 있는 반면, 이곳은 평지이므로 찾아가기는 쉽지만 신비감은 덜해 보인다. 이 영화의 성공으로 강제규 감독은 명예 합천군민이 되었다.

영화가 판타지 듯이 세트장은 영화를 위한 하나의 장치에 불과하다. 실내는 텅 비어 있고 함석과 나무로 이어 만든 집은 엉성하기 짝이 없다. 이곳에서 영화적 감동을 찾는 것은 한마디로 연목구어다. 그러나 이런 '환상 부수기' 또한 우리가 영화를 즐기는 또 다른 재미일 수도 있다. 어쨌든 황매산 등산을 겸해 두 곳의 영화 세트장을 구경하는 것도 일석이조의 여행이 아닐까 싶다.

영화 제목 색인

(ㄱ)

강원도의 힘
The Power Of Kangwon Province, 1998
개요 드라마 | 한국 | 108분
감독 홍상수
주연 백종학(상권), 오윤홍(지숙), 김유석(경찰관)
등급 청소년 관람불가

건축학개론 Architecture 101, 2012
개요 멜로/로맨스 | 한국 | 118분
감독 이용주
주연 엄태웅(현재 승민), 한가인(현재 서연),
　　　이제훈(과거 승민)
등급 12세 관람가

고래 사냥 Whale Hunting, 1984
개요 드라마 | 한국 | 112분
감독 배창호
주연 김수철(병태), 이미숙(춘자), 안성기(민우)
등급 12세 관람가

공공의 적 Public Enemy, 2002
개요 범죄, 액션 | 한국 | 138분
감독 강우석
주연 설경구(강철중), 이성재(조규환)
등급 청소년 관람불가

공동경비구역 JSA Joint Security Area, 2000
개요 드라마, 전쟁, 코미디 | 한국 | 110분
감독 박찬욱
주연 이영애(소피 E 장 소령), 이병헌(이수혁 병장),
　　　송강호(오경필 중사)
등급 15세 관람가

공모자들, 2012
개요 범죄, 스릴러 | 한국 | 111분
감독 김홍선
주연 임창정(장기밀매 총책 영규),
　　　최다니엘(실종자 남편 상호), 오달수
등급 청소년 관람불가

과속 스캔들 Speed Scandal, 2008
개요 코미디 | 한국 | 108분
감독 강형철
주연 차태현(남현수), 박보영(황정남/황제인), 왕석현(황기동)
등급 12세 관람가

교도소 월드컵 Prison World Cup, 2001
개요 코미디 | 한국 | 104분
감독 방성웅
주연 정진영(빵장), 조재현(질문), 황인성(방담임)
등급 15세 관람가

군도 : 민란의 시대
KUNDO : Age of the Rampant, 2014
개요 액션 | 한국 | 137분
감독 윤종빈
주연 하정우(도치), 강동원(조윤)

등급 15세 관람가

굿 윌 헌팅 Good Will Hunting, 1997
개요 드라마 | 미국 | 126분 | 1998 개봉
감독 구스 반 산트
주연 맷 데이먼(윌 헌팅)
등급 15세 관람가

그들만의 월드컵 Mean Machine, 2001
개요 코미디 | 영국, 미국 | 98분 | 2002년 개봉
감독 배리 스콜닉
주연 비니 존스(대니 미핸)
등급 15세 관람가

그린 카드 Green Card, 1990
개요 멜로/로맨스, 코미디 | 오스트레일리아, 프랑스, 미국 |
   108분
감독 피터 위어
주연 제라르 드빠르디유(조지스), 앤디 맥도웰(브론트)
등급 15세 관람가

글루미 썬데이 Ein Lied Von Liebe Und Tod,
Gloomy Sunday, 1999
개요 드라마, 멜로/로맨스 | 독일, 헝가리 | 112분 |
   2000 개봉
감독 롤프 슈벨
주연 조아킴 크롤(자보), 스테파노 디오니시(안드라스),
   벤 벡커(한스)
등급 청소년 관람불가

김약국의 딸들, 1963
개요 드라마 | 미개봉
감독 유현목
주연 신성일, 엄앵란, 김동원, 황정순, 박노식, 황해,

깊고 푸른 밤 Deep Blue Night, 1984
개요 드라마, 멜로/로맨스 | 한국 | 109분 | 1985 개봉
감독 배창호
주연 안성기, 장미희, 최민희
등급 청소년 관람불가

끝까지 간다 A Hard Day, 2013
개요 범죄, 액션 | 한국 | 111분 | 2014 개봉

감독 김성훈
주연 이선균(고건수), 조진웅(박창민)
등급 15세 관람가

(ㄴ)

나쁜 남자 Bad Guy, 2001(2002)
개요 드라마 | 한국 | 100분
감독 김기덕
주연 조재현(한기), 서원(선화)
등급 청소년 관람불가

남부군 南部軍,
North Korean Partisan In South Korea, 1990
개요 드라마 | 한국 | 157분
감독 정지영
주연 안성기(이태)
등급 15세 관람가

내 친구의 집은 어디인가
Khane-ye Doust Kodjast?, Where Is The Friend's
Home?, 1987(1996)
개요 드라마 | 이란 | 83분
감독 압바스 키아로스타미

내일을 향해 쏴라
Butch Cassidy And The Sundance Kid, 1969
개요 서부, 범죄, 드라마 | 미국 | 110분 | 1970 개봉
감독 조지 로이 힐
주연 폴 뉴먼(부치 캐시디),
   로버트 레드포드(더 선댄스
   키드), 캐서린 로스(엣타 플레이스)
등급 15세 관람가

노트북 The Notebook, 2004
개요 멜로/로맨스, 드라마 | 미국 | 123분
감독 닉 카사베츠
주연 라이언 고슬링(노아), 레이첼 맥아담스(앨리)
등급 15세 관람가

노틀담의 꼽추 Notre Dame De Paris,
The Hunchback Of Notre Dame, 1956
개요 드라마, 공포 | 프랑스 | 1998년 개봉

감독 장 들라누와
주연 지나 롤로브리지다, 안소니 퀸, 장 다네

(ㄷ)

닥터 지바고 Doctor Zhivago, 1965
개요 전쟁, 드라마 | 미국 | 197분 | 2012 개봉
감독 데이빗 린
주연 오마 샤리프(유리 지바고), 제랄딘 채플린(토냐),
      줄리 크리스티
등급 12세 관람가

달콤한 인생 A Bittersweet Life, 2005
개요 느와르, 액션, 드라마 | 한국 | 120분
감독 김지운
주연 이병헌(선우), 김영철(강 사장), 신민아(희수)
등급 청소년 관람불가

당산대형 The Big Boss, 1971
개요 액션 | 홍콩 | 100분
감독 나유
주연 이소룡
등급 15세 관람가

대부 Mario Puzo' s The Godfather, 1972
개요 범죄, 드라마, 스릴러 | 미국 | 175 | 1977 개봉
감독 프란시스 포드 코폴라
주연 말론 브란도(돈 비토 코르네오네),
      알 파치노(마이클 코르네오네),
      제임스 칸(산티노 소니 코르네오네)
등급 청소년 관람불가

대부 2
Mario Puzo' s The Godfather Part II, 1974
개요 범죄, 드라마 | 미국 | 200분 | 1978 개봉
감독 프란시스 포드 코폴라
주연 알 파치노(돈 마이클 코르네오네),
      로버트 듀발(톰 하겐),
      다이안 키튼(케이 코르네오네)
등급 청소년 관람불가

대부 3
Mario Puzo' s The Godfather Part III, 1990

개요 범죄, 드라마 | 미국 | 171분 | 1991 개봉
감독 프란시스 포드 코폴라
주연 알 파치노(돈 마이클 코르레오네),
      다이안 키튼(케이 아담스 미첼슨),
      탈리아 샤이어(코니 코르레오네)
등급 청소년 관람불가

대통령의 음모 All The President' s Men, 1976
개요 드라마, 스릴러 | 미국 | 138분
감독 알란 J. 파큘라
주연 더스틴 호프먼(칼 번스틴),
      로버트 레드포드(밥우드 워드),
      잭 워든(해리 로젠펠드),
      마틴 발삼(하워드 사이먼스)
등급 12세 이상 관람가

더 게임 The Game, 1997
개요 드라마, 미스터리 | 미국 | 128분 | 1998 개봉
감독 데이빗 핀처
주연 마이클 더글라스(니콜라스 반 오튼),
      숀 펜(콘래드 반 오튼)
등급 청소년 관람불가

컵 The Cup, 1999
개요 부탄, 오스트레일리아 | 93분
감독 키엔츠 노부(종사르 켄체 린포체)

더티 해리 Dirty Harry, 1971
개요 액션, 범죄, 스릴러 | 미국 | 102분
감독 돈 시겔
주연 클린트 이스트우드, 해리 가르디노, 레니 샌토니
등급 청소년 관람불가

데드 맨 워킹 Dead Man Walking, 1995
개요 드라마 | 미국 | 122분 | 1996년 개봉
감독 팀 로빈스
주연 수잔 서랜든, 숀 펜
등급 15세 관람가

데스 인 그라나다 Lorca, Death In Granada, 1996
개요 드라마, 미스터리 | 스페인 외 | 142분
감독 마르코스 쥬리나가
주연 에사이 모랄레스(리카르도),

앤디 가르시아(페데리코 가르시아)
등급 청소년 관람불가

도가니 SILENCED, 2011
개요 드라마 | 한국 | 125분
감독 황동혁
주연 공유(강인호), 정유미(서유진)
등급 청소년 관람불가

도망자 The Fugitive, 1993
개요 액션, 모험, 범죄 | 미국 | 130분
감독 앤드루 데이비스
주연 해리슨 포드(리차드 킴블 박사),
    토미 리 존스(사무엘 제라드)
등급 15세 관람가

돼지가 우물에 빠진 날
The Day A Pig Fell Into The Well, 1996
개요 드라마 | 한국 | 114분
감독 홍상수
주연 김의성(효섭), 박진성(동우), 조은숙(민재)
등급 청소년 관람불가

똥개 Mutt Boy, 2003
개요 드라마 | 한국 | 101분
감독 곽경택
주연 정우성(차철민, 일명 똥개), 김갑수(차 반장),
    엄지원(김정애)
등급 15세 관람가

(ㄹ)

라디오 스타 Radio Star, 2006
개요 코미디, 드라마 | 한국 | 115분
감독 이준익
주연 박중훈(88년 가수왕, 최곤),
    안성기(최곤의 매니저, 박민수)
등급 12세 관람가

라이언 일병 구하기 Saving Private Ryan, 1998
개요 전쟁, 액션, 드라마 | 미국 | 170분
감독 스티븐 스필버그
주연 톰 행크스(존 밀러 대위),

에드워드 번즈(Pvt. 리처드 라이번),
    톰 시즈모어(Sgt. 마이클 호바스)
등급 15세 관람가

레드 : 더 레전드 Red 2, 2013
개요 액션, 코미디, 범죄 | 미국 | 115분
감독 딘 패리소트
주연 브루스 윌리스(프랭크 모시스), 이병헌(한조배),
    캐서린 제타-존스(카자)
등급 15세 관람가

레이더스 Raiders Of The Lost Ark, 1981
개요 모험, 액션 | 미국 | 115분 | 1982 개봉
감독 스티븐 스필버그
주연 해리슨 포드(인디아나 존스), 카렌 알렌(마리온),
    폴 프리먼(닥터 르네 벨로크)
등급 12세 관람가

레인 맨 Rain Man, 1988
개요 드라마 | 미국 | 131분 | 1989 개봉
감독 베리 레빈슨
출연 더스틴 호프만, 톰 크루즈, 발레리아 골리노
등급 12세 관람가

레지던트 The Resident, 2011
개요 서스펜스, 스릴러 | 영국, 미국 | 91분
감독 안티 조키넨
주연 힐러리 스웽크(줄리엣 디브로),
    제프리 딘 모건(맥스), 크리스토퍼 리(오거스트)
등급 청소년 관람불가

로빈슨 크루소, 1997
개요 드라마, 모험 | 미국 | 105분
감독 로드 하디, 조지 밀러
주연 피어스 브로스넌(로빈슨 크루소)
등급 15세 관람가

리틀 빅 히어로 Accidental Hero, 1992
개요 드라마 | 미국 | 112분 | 1993 개봉
감독 스티븐 프리어스
주연 더스틴 호프만(버나드 버니 래플랜트),
    지나 데이비스(방송리포터
등급 15세 관람가

(ㅁ)

말죽거리 잔혹사 Spirit Of Jeet Keun Do, 2004
개요 드라마, 액션 | 한국 | 116분
감독 유하
주연 권상우(현수), 이정진(우식), 한가인(은주)
등급 15세 관람가

매트릭스 2-리로디드 The Matrix Reloaded, 2003
개요 SF, 모험, 액션, 판타지 | 미국 | 138분
감독 앤디 워쇼스키
주연 래리 워쇼스키, 키아누 리브스(네오),
      로렌스 피쉬번(모피어스), 캐리 앤 모스 (트리니티)
등급 15세 관람가

맹룡과강 猛龍過江, The Way Of The Dragon, 1972
개요 액션, 코미디, 범죄 | 홍콩 | 98분
감독 이소룡
주연 이소룡(당룡)
등급 15세 관람가

명량 ROARING CURRENTS, 2014
개요 액션, 드라마 | 한국 | 128분
감독 김한민
주연 최민식(이순신), 류승룡(구루지마), 진웅(와키자카)
등급 15세 관람가

무간도 無間道: Infernal Affairs, 2002
개요 범죄, 스릴러, 느와르, 드라마 | 홍콩 | 100분
감독 맥조휘
주연 유위강, 양조위(진영인), 유덕화(유건명)
등급 12세 관람가

미드나잇 카우보이 Midnight Cowboy, 1969
개요 드라마 | 미국 | 113분 | 1975 개봉
감독 존 슐레진저
주연 더스틴 호프만(랫소), 존 보이트(조 벅)
등급 15세 관람가

미션 임파서블 2
Mission: Impossible II, 2000
개요 액션, 멜로/로맨스, 미스터리, 스릴러, 모험 | 미국 |
      123분 | 2006 개봉

감독 오우삼
주연 톰 크루즈(에단 헌트), 탠디 뉴턴(니아 노도프-홀),
      더그레이 스콧(숀 엠브로즈),
등급 15세 관람가

미스틱 리버 Mystic River, 2003
개요 범죄, 드라마 | 미국 | 137분
감독 클린트 이스트우드
주연 숀 펜(지미 마컴), 팀 로빈스(데이브 보일),
      케빈 베이컨(숀 디바인)
등급 15세 관람가

밀리언 달러 베이비 Million Dollar Baby, 2004
개요 드라마 | 미국 | 133분 | 2005 개봉
감독 클린트 이스트우드
주연 클린트 이스트우드(프랭키 던),
      힐러리 스웽크(매기 피츠제럴드),
      모건 프리먼(에디 스크랩-아이언 듀프리스)
등급 12세 관람가

(ㅂ)

바닐라 스카이 Vanilla Sky, 2001
개요 미스터리, 스릴러, SF, 멜로/로맨스, 드라마 | 미국 |
      135분
감독 카메론 크로우
주연 톰 크루즈(데이빗 에임즈),
      페넬로페 크루즈(소피아 세라노),
      카메론 디아즈(줄리아나 줄리 지안니)
등급 청소년 관람불가

바람과 함께 사라지다 Gone With The Wind, 1939
개요 드라마, 전쟁, 멜로/로맨스 | 미국 | 222분
      1995. 05. 05 재개봉, 1972. 12. 23 개봉
감독 빅터 플레밍
주연 클락 게이블(렛 버틀러), 비비안 리(스칼렛 오하라),
      레슬리 하워드(애슐리 윌키스)
등급 12세 관람가

바람난 가족 A Good Lawyer' s Wife, 2003
개요 드라마 | 한국 | 104분
감독 임상수
주연 문소리(은호정), 황정민(주영작),

윤여정(시어머니 홍병한)
등급 청소년 관람불가

바보들의 행진 The March Of Fools, 1975
개요 드라마, 코미디, 모험 | 한국 | 105분
감독 하길종
출연 윤문섭, 하재영, 이영옥, 김영숙

박물관이 살아있다! Night At The Museum, 2006
개요 액션, 코미디, 모험, 가족, 판타지 | 미국, 영국 | 108분
감독 숀 레비
주연 벤 스틸러(래리 데일리),
     로빈 윌리엄스(테디 루즈벨트), 오웬 윌슨(제레다야)
등급 전체 관람가

박하사탕, 2000
개요 드라마 | 한국 | 135분
감독 이창동
주연 설경구(김영호), 문소리(윤순임), 김여진(양홍자)
등급 청소년 관람불가

반지의 제왕-반지 원정대
The Lord Of The Rings: The Fellowship Of The Ring,
2001
개요 판타지, 모험, 액션 | 뉴질랜드 외 | 178분
감독 피터 잭슨
주연 일라이저 우드(프로도), 이안 맥켈런(간달프),
     리브 타일러(아르웬)
등급 12세 관람가

밤의 열기 속으로 In The Heat Of The Night, 1967
개요 드라마, 미스터리, 범죄 | 미국 | 109분
감독 노만 주이슨
주연 시드니 포이티어(비질 팁스),
     로드 스타이거(빌 길스피)

백치 아다다, 1956
개요 한국
감독 이강천
출연 나애심, 한림, 장민호, 김정옥

벤자민 버튼의 시간은 거꾸로 간다
The Curious Case Of Benjamin Button, 2008

개요 판타지, 멜로/로맨스, 드라마 | 미국 | 166분 |
     2009 개봉
감독 데이빗 핀처
주연 브래드 피트(벤자민 버튼),
     케이트 블란쳇(데이시),
     줄리아 오몬드(캐롤라인)
등급 12세 관람가

변호인 The Attorney, 2013
개요 드라마 | 한국 | 127분
감독 양우석
주연 송강호(송우석), 김영애(최순애), 오달수(박동호)
등급 15세 관람가

별들의 고향, 1974
개요 드라마 | 한국 | 106분
감독 이장호
주연 안인숙(경아), 강신성일(문호)
등급 청소년 관람불가

보리울의 여름 Season In The Sun, 2003
개요 코미디, 드라마 | 한국 | 110분
감독 이민용
주연 장미희(원장 수녀), 박영규(우남 수님),
     차인표(김 신부)
등급 전체 관람가

복수는 나의 것
Sympathy For Mr. Vengeance, 2002
개요 범죄, 스릴러 | 한국 | 120분
감독 박찬욱
주연 송강호(동진), 신하균(류), 배두나(영미)
등급 청소년 관람불가

봄 여름 가을 겨울 그리고 봄
Spring Summer Fall Winter and Spring, 2003
개요 드라마 | 한국 | 106분
감독 김기덕
주연 오영수(노스님), 김기덕(장년 승), 김영민(청년 승)
등급 15세 관람가

부러진 화살 Unbowed, 2011
개요 드라마 | 한국 | 100분 | 2012 개봉

감독 정지영
주연 안성기(김경호 교수), 박원상(박준 변호사),
　　　나영희(김경호부인)
등급 15세 관람가

붉은 황금 Talaye Sorkh, Crimson Gold , 2003
개요 드라마, 스릴러 | 이란 | 97분
감독 자파르 파나히
주연 호사인 에마데딘(후세인), 카미야 쉐이시(앨리)

브레이브하트 Braveheart, 1996
개요 액션, 드라마, 전쟁 | 미국 | 177분
감독 멜 깁슨
주연 멜 깁슨(윌리암 월레스),
　　　소피 마르소(이사벨라 공주), 패트릭 맥구한
등급 15세 관람가

비열한 거리 A Dirty Carnival, 2006
개요 범죄, 액션, 느와르 | 한국 | 141분
감독 유하
주연 조인성(병두), 천호진(황 회장), 남궁민(민호)
등급 청소년 관람불가

빈 Bean, 1997
개요 코미디 | 영국 | 90분 | 1998 개봉
감독 멜 스미스
주연 로완 앳킨슨(미스터 빈),
　　　피터 맥니콜(데이빗 랭글리),
　　　파멜라 리드(앨리슨 랭글리)
등급 12세 관람가

빠삐용 Papillon, 1973
개요 드라마 | 미국 외 | 150분 | 1990 개봉
감독 프랭크린 J. 샤프너
주연 스티브 맥퀸, 더스틴 호프만, 빅터 조리, 돈 고돈
등급 청소년 관람불가

뻐꾸기 둥지 위로 날아간 새
One Flew Over The Cuckoo′s Nest, 1975
개요 드라마 | 미국 | 129분 | 1997 개봉
감독 밀로스 포먼
주연 잭 니콜슨(랜들 패트릭 맥머피)
등급 15세 관람가

(ㅅ)

사마리아 Samaria, 2004
개요 드라마 | 한국 | 95분
감독 김기덕
주연 이얼(여진의 아버지 영기), 곽지민(여진),
　　　한여름(재영)
등급 청소년 관람불가

사망유희 死亡遊戱, The Game Of Death, 1978
개요 액션, 범죄, 드라마 | 미국 | 85분
감독 로버트 클루즈
주연 이소룡
등급 15세 관람가

살인의 추억 Memories Of Murder, 2003
개요 범죄, 미스터리 | 미국 | 132분
감독 봉준호
주연 송강호(박두만), 김상경(서태윤)
등급 15세 관람가

색 · 계 色 · 戒, Lust, Caution, 27080세대
개요 드라마, 멜로/로맨스, 스릴러, 전쟁 | 미국, 중국,
　　　대만, 홍콩 | 157분
감독 이안
주연 양조위(미스터 이), 탕웨이(왕치아즈/막 부인),
　　　조안 챈(이 부인)
등급 청소년 관람불가

생활의 발견, 2002
On the Occasion Of Remembering The Turning Gate
개요 드라마, 멜로/로맨스 | 한국 | 115분
감독 홍상수
주연 김상경(경수), 추상미(선영), 예지원(명숙)
등급 청소년 관람불가

서편제 西便制, Seopyonje, 1993
개요 드라마 | 한국 | 112분
감독 임권택
주연 김명곤(유봉), 오정해(송화), 김규철(동호)
등급 12세 관람가

설국열차 Snowpiercer, 2013

개요 SF, 액션, 드라마 | 한국 | 125분
감독 봉준호
주연 크리스 에반스(커티스), 송강호(남궁민수),
    에드 해리스(윌포드)

섬 The Isle, 2000
개요 드라마, 로맨스 | 한국 | 82분
감독 김기덕
주연 김유석(현식), 서정(희진), 서원(은아)
등급 청소년 관람불가

세븐 데이즈 Seven Days, 2007
개요 범죄, 스릴러 | 한국 | 125분
감독 원신연
주연 김윤진(변호사 유지연), 박희순(형사 김성열),
    김미숙(심리학과 교수 한숙희)
등급 청소년 관람불가

세븐 데이즈
Les 7 jours du talion, 7 Days, 2010
개요 스릴러 | 캐나다 | 105분 | 2013 개봉
감독 다니엘 그로우
주연 클로드 르고트(브루노 하멜),
    레미 지라르드(허브 머큐어)
등급 청소년 관람불가

소년은 울지 않는다 Boys Don't Cry, 1999
개요 드라마 | 미국 | 116분 | 2000 개봉
감독 킴벌리 피어스
주연 힐러리 스웽크(티나 브랜든/브랜든 티나),
    클로에 세비니(라나 티스델),
    피터 사스가드(존 로터)
등급 청소년 관람불가

소림축구 少林足球, Shaolin Soccer, 2001
개요 코미디, 액션 | 홍콩, 중국 | 87분 | 2002 개봉
감독 주성치
주연 주성치(강철다리 씽씽), 조미(만두가게 아가씨 아매),
    오맹달(황금다리-명봉)
등급 15세 관람가

쇼생크 탈출 The Shawshank Redemption, 1994
개요 드라마 | 미국 | 142분 | 1995 개봉

감독 프랭크 다라본트
주연 팀 로빈스(앤디 듀프레인),
    모건 프리먼(엘리스 보이드 레드 레딩)
등급 15세 관람가

수상한 그녀 Miss Granny, 2014
개요 코미디, 드라마 | 한국 | 124분
감독 황동혁
주연 심은경(오두리), 나문희(오말순), 박인환(박씨)
등급 15세 관람가

수취인 불명 Address Unknown, 2001
개요 드라마 | 한국 | 119분
감독 김기덕
주연 양동근(창국), 반민정(은옥), 김영민(지흠)
등급 청소년 관람불가

쉬리 Swiri, 1998
개요 액션, 멜로/로맨스 | 한국 | 115분 | 1999 개봉
감독 강제규
주연 한석규(유중원), 최민식(박무영), 송강호(이장길)
등급 15세 관람가

스윗 앤 로다운 Sweet And Lowdown, 1999
개요 코미디, 드라마 | 미국 | 95분
감독 우디 알렌
주연 숀 펜, 사만다 모튼, 우마 서먼

스캔들-조선남녀상열지사 Untold Scandal, 2003
개요 드라마, 멜로/로맨스 | 한국 | 120분
감독 이재용
주연 배용준(조원), 이미숙(조씨 부인),
    전도연(숙부인 정씨)
등급 청소년 관람불가

스크림 2 Scream 2, 1997
개요 공포, 미스터리, 스릴러 | 미국 | 116분 | 1999 개봉
감독 웨스 크레이븐
주연 데이빗 아퀘트(드와이트 듀위 릴리),
    니브 캠벨(시드니 프리스콧),
    커트니 콕스(게일 웨더스),
등급 청소년 관람불가

스토커 Stoker, 2013
개요 스릴러 | 미국 외 | 99분
감독 박찬욱
주연 미아 와시코브스카(인디아 스토커),
매튜 구드(찰리 스토커), 니콜
등급 청소년 관람불가

스팅 The Sting, 1973
개요 코미디, 범죄, 드라 | 미국 | 129분 | 1978 개봉
감독 조지 로이 힐
주연 폴 뉴먼(헨리 곤도프, 일명 쇼),
로버트 레드포드(자니후커, 일명 켈리),
로버트 쇼(도일 론겐)
등급 15세 관람가

스파이 하드 Spy Hard, 1996
개요 코미디, 액션 | 미국 | 81분
감독 릭 프리드버그
주연 레슬리 닐슨(딕 스틸)
등급 15세 관람가

승리의 탈출 Victory, 1982
개요 드라마, 액션, 전쟁 | 미국 | 116분
감독 존 휴스턴
주연 실베스터 스탤론, 마이클 케인, 막스 폰 시도우

시네마 천국 Cinema Paradiso, 1988
개요 드라마, 멜로/로맨스 | 프랑스, 이탈리아 | 124분
감독 쥬세페 토르나토레
주연 자크 페렝(중년 살바토레),
브리지트 포시(중년 엘레나),
필립 느와레(알프레도)
등급 전체 관람가

식스 데이 세븐 나잇 Six Days Seven Nights, 1998
개요 모험, 액션, 코미디 | 미국 | 101분
감독 이반 라이트만
주연 해리슨 포드(퀸 해리스)
등급 15세 관람가

실미도 Silmido, 2003
개요 전쟁, 스릴러, 드라마 | 한국 | 135분
감독 강우석

주연 설경구(강인찬 684부대 제3조장), 허준호,
안성기(최재현 준위)
등급 15세 관람가

실제상황 Real Fiction, 2000
개요 드라마 | 한국 | 84분
감독 홍미숙
주연 허성욱, 조인호 감독, 주진모(나)
등급 청소년 관람불가

싱글즈 Singles, 2003
개요 멜로/로맨스, 코미디, 드라마 | 한국 | 110분
감독 권칠인
주연 장진영(나난), 이범수(정준), 엄정화(동미)
등급 15세 관람가

써니 Sunny, 2011
개요 코미디, 드라마 | 한국 | 124분
감독 강형철
주연 유호정(나미), 심은경(어린 나미),
강소라(어린 춘화)
등급 15세 관람가

(ㅇ)

아비정전 阿飛正傳
Days Of Being Wild, 1990
개요 드라마, 범죄, 멜로/로맨스 | 홍콩 | 100분 | 2009 개봉
감독 왕가위
주연 장국영(아비), 유덕화(경찰관), 장만옥(수리진)
등급 15세 관람가

아이 앰 샘 I Am Sam, 2001
개요 드라마 | 미국 | 131분 | 2002 개봉
감독 제시 넬슨
주연 숀 펜(샘 도슨), 미셸 파이퍼(리타 해리슨)
등급 12세 관람가

아카시아 Acacia, 2003
개요 스릴러, 공포 | 한국 | 103분
감독 박기형
주연 심혜진(미숙), 김진근(도일)
등급 15세 관람가

아포칼립토 Apocalypto, 2006
개요 액션, 모험, 드라마 | 미국 | 137분 | 2007. 01. 31 개봉
감독 멜 깁슨
주연 루디 영블러드(표범 발),
　　　모리스 버드옐로우헤드(부싯돌 하늘)
등급 청소년 관람불가

악어 Crocodile, 1996
개요 드라마 | 한국 | 102분
감독 김기덕
주연 조재현(악어, 용패), 전무송(우 노인),
　　　안재홍(앵벌이)
등급 청소년 관람불가

어거스트 러쉬 August Rush, 2007
개요 드라마, 판타지 | 미국 | 113분
감독 커스틴 쉐리단
주연 프레디 하이모어(어거스트 러쉬),
　　　조나단 리스 마이어스(루이스 코넬리),
　　　케리 러셀(라일라 노바첵)
등급 전체 관람가

어바웃 타임 About Time, 2013
개요 멜로/로맨스, 코미디 | 영국 | 123분
감독 리차드 커티스
주연 돔놀 글리슨(팀), 레이첼 맥아담스(메리)
등급 15세 관람가 [

어제 내린 비, 1974
개요 한국 | 102분 | 1975 개봉
감독 이장호
주연 김희라, 이영호, 안인숙
등급 15세 관람가

에이리언 2 Aliens, 1986
개요 SF, 공포, 스릴러, 액션 | 미국 | 137분
감독 제임스 캐머런
주연 시고니 위버(엘렌 리플리), 폴 레이저(카터 버크),
　　　마이클 빈(Cpl. 드웨인 힉스),
등급 12세 관람가

엣지 오브 다크니스 Edge Of Darkness, 2010
개요 스릴러, 액션, 드라마 | 미국, 영국 | 104분

감독 마틴 캠벨
주연 멜 깁슨(토마스 크레이븐)
등급 15세 관람가

여자는 남자의 미래다
Woman Is The Future Of Man, 2004
개요 드라마 | 한국 | 87분
감독 홍상수
주연 유지태(이문호), 성현아(박선화), 김태우(김헌준)
등급 청소년 관람불가

역도산 力道山
Rikidozan: A Hero Extraordinary, 2004
개요 드라마, 액션 | 한국, 일본 | 137분
감독 송해성
주연 설경구(역도산), 나카타니 미키(아야)
등급 12세 관람가

역린 逆鱗, The Fatal Encounter, 2014
개요 드라마 | 한국 | 135분
감독 이재규
주연 현빈(정조), 정재영(갑수), 조정석(을수)
등급 15세 관람가

연인 十面埋伏
Lovers, House Of Flying Daggers, 2004
개요 멜로/로맨스, 액션 | 중국, 홍콩 | 119분
감독 장예모
주연 금성무(진), 유덕화(레오), 장쯔이(메이)
등급 12세 관람가

엽기적인 그녀 My Sassy Girl, 2001
개요 코미디, 드라마, 멜로/로맨스 | 한국 | 122분
감독 곽재용
주연 전지현(그녀), 차태현(견우)
등급 15세 관람가

오! 브라더스 Oh Brothers, 2003
개요 코미디 | 한국 | 110분
감독 김용화
주연 이정재(오상우), 이범수(오봉구)
등급 15세 관람가

오! 수정
Virgin Stripped Bare By Her Bachelors, 2000
개요 드라마, 멜로/로맨스 | 한국 | 126분
감독 홍상수
주연 이은주(수정), 정보석(재훈), 문성근(영수)
등급 청소년 관람불가

오스틴 파워-제로
Austin Powers: International Man Of Mystery, 1997
개요 코미디, 뮤지컬, SF | 미국 | 95분
감독 제이 로치
주연 마이크 마이어스(오스틴 파워스/닥터 이블)
등급 청소년 관람불가

오스틴 파워 3 : 골드멤버
Austin Powers In Goldmember, 2002
개요 모험, SF, 코미디, 액션 | 미국 | 94분
감독 제이 로치
주연 마이크 마이어스(오스틴 파워스/닥터 이블/
      골드멤버/팻 바스타드)
등급 15세 관람가

오아시스 Oasis, 2002
개요 드라마 | 한국 | 132분
감독 이창동
주연 설경구(홍종두), 문소리(한공주)
등급 청소년 관람불가

올드보이 Oldboy, 2003
개요 드라마, 미스터리 | 한국 | 120분 | 2013 개봉
감독 박찬욱
주연 최민식(오대수), 유지태(이우진), 강혜정(미도)
등급 청소년 관람불가

올리브나무 사이로 Through The Olive Trees,
Zire Darakhatan Zeyton, 1994
개요 드라마 | 이란 | 103분 | 1997 개봉
감독 압바스 키아로스타미
주연 모하메드 알리 카사바르즈(영화 감독)
등급 12세 관람가

왕과 나 The King And I, 1956
개요 뮤지컬, 코미디, 가족, 멜로/로맨스 | 미국 | 133분

감독 월터 랭
주연 율 브린너, 데보라 카
등급 전체 관람가

왝 더 독 Wag The Dog, 1997
개요 코미디 | 미국 | 97분 | 1998 개봉
감독 베리 레빈슨
주연 더스틴 호프만(스탠리 모츠),
      로버트 드 니로(콘래드 브린)
등급 15세 관람가

욕망이라는 이름의 전차
A Streetcar Named Desire, 1951
개요 드라마 | 미국 | 122분
감독 엘리아 카잔
주연 비비안 리, 말론 브란도

용쟁호투 龍爭虎鬪, Enter The Dragon, 1973
개요 액션, 범죄 | 미국 외 | 95분
감독 로버트 클루즈
주연 이소룡(리), 존 색슨(로퍼)
등급 청소년 관람불가

용호의 결투 龍虎鬪: The Chinese Boxer, 1970
개요 액션 | 홍콩 | 90분
감독 왕우
주연 왕우
등급 15세 관람가

워터프론트 On The Waterfront, 1954
개요 범죄, 멜로/로맨스 | 미국 | 108분
감독 엘리아 카잔
주연 말론 브란도
등급 12세 관람가

위트니스 Witness, 1985
개요 드라마, 멜로/로맨스, 스릴러 | 미국 | 112분 | 1986 개봉
감독 피터 위어
주연 해리슨 포드
등급 15세 관람가

은행나무 침대 2-단적비연수
Gingko Bed 2, 2000

개요 멜로/로맨스, 액션, 판타지 | 한국 | 115분
감독 박제현
주연 김석훈(단), 설경구(적), 최진실(비)
등급 15세 관람가

의뢰인 The Client, 2011
개요 드라마, 스릴러 | 한국 | 123분
감독 손영성
주연 하정우(강성희), 박희순(안민호), 장혁(한철민)
등급 15세 관람가

이웃 사람 The Neighbors, 2012
개요 스릴러 | 한국 | 115분
감독 김휘
주연 김윤진(송경희), 마동석(안혁모), 천호진(표종록)
등급 청소년 관람불가

일 포스티노 Il Postino [The Postman], 1994
개요 드라마, 멜로/로맨스 | 이탈리아 | 116분 | 1996 개봉
감독 마이클 래드포드
주연 필립 느와레, 마시모 트로이시,
       마리아 그라지아 쿠시노
등급 전체 관람가

일급살인 Murder In The First, 1995
개요 드라마, 범죄 | 미국 | 124분
감독 마크 로코
주연 크리스찬 슬레이터(제임스 스탬필),
       케빈 베이컨(헨리 영), 게리 올드만(밀튼 글렌)
등급 15세 관람가

(ㅈ)

쟈니 잉글리쉬 Johnny English, 2003
개요 코미디 | 영국 | 87분
감독 피터 호윗
주연 로완 앳킨슨(쟈니 잉글리쉬)
등급 전체 관람가

자이언트 Giant, 1956
개요 드라마 | 미국 | 201분
감독 조지 스티븐스
주연 엘리자베스 테일러(레슬리 린턴 베네딕),

록 허드슨(조단 빅 베네딕 주니어),
       제임스 딘(젯 링크)
등급 12세 관람가

적벽대전 2부- 최후의 결전 Red Cliff 2, 2009
개요 전쟁, 액션 | 중국 | 141분
감독 오우삼
주연 양조위(손권의 책사, 주유), 장풍의(조조),
       금성무(유비의 책사, 제갈량)
등급 15세 관람가

접속 The Contact, 1997
개요 멜로/로맨스, 드라마 | 한국 | 106분
감독 장윤현
주연 한석규(동현), 전도연(수현)
등급 15세 관람가

정무문 精武門, Fist Of Fury, 1972
개요 액션, 드라마, 멜로/로맨스 | 홍콩 | 106분
감독 나유
주연 이소룡(첸)

젠틀맨 리그
The League Of Extraordinary Gentlemen, 2003
개요 액션, SF, 판타지, 모험 | 미국, 독일, 체코, 영국 | 115분
감독 스티븐 노링턴
출연 숀 코네리(알란 쿼터메인)
등급 12세 관람가

주유소 습격사건 Attack The Gas Station!, 1999
개요 코미디, 범죄, 액션 | 한국 | 117분
감독 김상진
주연 이성재(노마크), 유오성(무대포), 강성진(딴따라)
등급 청소년 관람불가

죽은 시인의 사회 Dead Poets Society, 1989
개요 드라마 | 미국 | 127분 | 1990 개봉
감독 피터 위어
주연 로빈 윌리엄스(존 키팅)
등급 전체 관람가

중경삼림 重慶森林: Chungking Express, 1994
개요 드라마, 멜로/로맨스, 미스터리 | 홍콩 | 101분

감독 왕가위
주연 임청하(노랑머리 마약밀매 중계자),
　　　양조위(경찰 633), 금성무(경찰 223)
등급 15세 관람가

쥬만지 | Jumanji, 1995
개요 모험, 판타지, 가족, 액션, 코미디 | 미국 | 104분 |
　　　1996 개봉
감독 조 존스톤
주연 로빈 윌리엄스(앨런 패리시),
　　　커스틴 던스트(주디 셔퍼드),
　　　데이비드 앨런 그리어(칼 벤틀리)
등급 전체 관람가

지옥의 묵시록 Apocalypse Now, 1979
개요 드라마, 전쟁, 액션 | 미국 | 153분
감독 프란시스 포드 코폴라
주연 말론 브란도(월터 E. 커츠 대령),
　　　로버트 듀발(빌 킬고어 중령),
　　　마틴 쉰(벤자민 L. 윌라드 대위)

지중해 Mediterraneo, 1991
개요 전쟁, 드라마, 코미디 | 이탈리아 | 96분 | 1993 개봉
감독 가브리엘 살바토레
출연 디에고 아바탄투오노(니콜라 로루소),
　　　클라우디오 비가글리(라파엘 몬티니),
　　　쥬세페 세데르나(안토니오 파리나)
등급 15세 관람가

(ㅊ)

챔피언 Champion, 2002
개요 스포츠, 전기 | 한국 | 116분
감독 곽경택
주연 유오성, 채민서, 정두홍, 김병서
등급 12세 관람가

천년학 Beyond The Years, 2007
개요 드라마 | 한국 | 106분
감독 임권택
주연 조재현(동호), 오정해(송화)
등급 12세 관람가

천리마 축구단
The Game Of Their Lives, 2002
개요 다큐멘터리 | 영국 | 80분 | 2005 개봉
감독 대니얼 고든
주연 폴 니콜슨(본인), 엘리자베스 여왕 2세(본인)
등급 전체 관람가

천사탈주 We're No Angels, 1989
개요 코미디, 드라마 | 미국 | 103분
감독 닐 조던
주연 로버트 드 니로(네드), 숀 펜(짐)

철도원 Poppoya, 鐵道員: ぽっぽや, 2000
개요 드라마, 판타지 | 일본 | 105분
감독 후루하타 야스오
주연 다카쿠라 켄, 코바야시 넨지, 오타케 시노부
등급 전체 관람가

체리 향기 Ta'm E Guilass, 1997
개요 드라마 | 이란 | 195분
감독 압바스 키아로스타미
주연 호먀윤 엘샤드, 아브돌라만 바그헤리
등급 12세 관람가

초록물고기 Green Fish, 1997
개요 드라마, 느와르 | 한국 | 114분
감독 이창동
주연 한석규(막동), 심혜진(미애), 문성근(배태곤)
등급 청소년 관람불가

총알 탄 사나이, 1988
The Naked Gun: From The Files Of Police Squad!
개요 코미디 | 미국 | 87분
감독 데이빗 주커
주연 레슬리 닐슨
등급 15세 관람가

축제 祝祭, Festival, 1996
개요 드라마 | 한국 | 107분
감독 임권택
주연 안성기(이준섭), 오정해(이용순), 한은진(준섭 모)
등급 12세 관람가

취권 醉拳, Drunken Master, 1979
개요 코미디, 액션 | 홍콩 | 107분
감독 원화평
주연 성룡(황비홍),
　　황정리(청부살인업자, 번개다리 염철심),
　　원소전(팔선 취권의 창시자, 소화자)
등급 12세 관람가

취화선 醉畵仙, Chihwaseon, 2002
개요 드라마 | 한국 | 120분
감독 임권택
주연 최민식(장승업)
등급 청소년 관람불가

친구 2 FRIEND : THE GREAT LEGACY, 2013
개요 느와르, 액션 | 한국 | 124분
감독 곽경택
주연 유오성(이준석), 주진모(이철주), 김우빈(최성훈)
등급 청소년 관람불가

친구 Friend, 2001
개요 범죄, 액션, 드라마 | 한국 | 115분
감독 곽경택
주연 유오성(준석), 장동건(동수)
등급 청소년 관람불가

친니친니 安娜瑪德蓮娜: Anna Magdalena, 1998
개요 드라마, 멜로/로맨스 | 홍콩 | 90분
감독 해중문
주연 금성무(피아노 조율사 첸가후), 곽부성(유목연),
　　혜림(피아니스트 목만이)
등급 15세 관람가

(ㅋ)

캐리비안의 해적 : 낯선 조류
Pirates Of The Caribbean: On Stranger Tides, 2011
개요 액션, 모험, 판타지 | 미국 | 137분
감독 롭 마샬
주연 조니 뎁(잭 스패로우), 제프리 러쉬(바르보사),
　　페넬로페 크루즈(안젤리카)
등급 12세 관람가

캐스트 어웨이 Cast Away, 2001
개요 드라마, 모험 | 미국 | 143분
감독 로버트 저메키스
주연 톰 행크스(척 놀랜드), 헬렌 헌트(켈리 프리어스)
등급 12세 관람가

커리지 언더 파이어 Courage Under Fire, 1996
개요 액션, 드라마, 전쟁 | 미국 | 116분
감독 에드워드 즈윅
주연 덴젤 워싱톤(Lt. Colonel 나다니엘 설링),
　　멕 라이언(Captain 카렌 엠마 월든)
등급 15세 관람가

(ㅌ)

타락천사 墮落天使: Fallen Angels, 1995
개요 드라마, 멜로/로맨스 | 홍콩 | 105분
감독 왕가위
주연 여명(황지민), 금성무(하지무), 양채니(체리/찰리)
등급 15세 관람가

타이타닉 Titanic, 1998
개요 멜로/로맨스, 드라마 | 미국 | 195분
감독 제임스 카메론
주연 레오나르도 디카프리오(잭 도슨),
　　케이트 윈슬렛(로즈)
등급 15세 관람가

타짜-신의 손, 2014
개요 드라마 | 한국 | 147분
감독 강형철
주연 최승현(함대길), 신세경(허미나), 곽도원(장동식)
등급 청소년 관람불가

태극기 휘날리며
TaeGukGi : Brotherhood Of War, 2004
개요 전쟁, 드라마, 액션 | 한국 | 145분
감독 강제규
주연 장동건(이진태), 원빈(이진석), 이은주(영신)
등급 15세 관람가

터미네이터 2 Terminator 2 : Judgment Day, 1991
개요 SF, 액션, 스릴러 | 미국, 프랑스 | 156분

감독 제임스 캐머런
주연 아놀드 슈왈제네거(터미네이터)
등급 15세 관람가

터뷸런스 3 Turbulence 3, 2001
개요 Heavy Metal | 미국, 영국, 캐나다 | 96분
감독 조지 몬테시
주연 룻거 하우어, 가브리엘 앤워, 조 맨테나
등급 15세 관람가

텔 미 썸딩 Tell Me Something, 1999
개요 스릴러, 범죄, 미스터리 | 한국 | 118분
감독 장윤현
주연 한석규(조 형사), 심은하(채수연)
등급 청소년 관람불가

트루먼 쇼 The Truman Show, 1998
개요 코미디, 드라마, SF | 미국 | 102분
감독 피터 위어
주연 짐 캐리(트루먼 버뱅크)
등급 15세 관람가

(ㅍ)

파란 대문 Birdcage Inn, 1998
개요 드라마 | 한국 | 100분
감독 김기덕
주연 이지은(진아), 이혜은(혜미)
등급 청소년 관람불가

파리 대왕 Lord Of The Flies, 1992
개요 모험, 드라마, 스릴러 | 미국 | 90분
감독 해리 훅
주연 발세이저 게티, 크리스 퍼, 다누엘 피폴리
등급 15세 관람가

파리에서의 마지막 탱고
Last Tango In Paris, 1972
개요 드라마, 멜로/로맨스 | 이탈리아 외 | 125분 |
    1996 개봉
감독 베르나르도 베르톨루치
주연 말론 브란도, 마리아 슈나이더, 마리아 미치,
    지오바나

등급 청소년 관람불가

패션 오브 크라이스트
The Passion Of The Christ, 2004
개요 드라마 | 미국 | 125분
감독 멜 깁슨
주연 제임스 카비젤(예수 그리스도)
등급 15세 관람가

페이스 오프 Face/Off, 1997
개요 액션 | 미국 | 138분
감독 오우삼
주연 존 트라볼타(숀 아처/캐스터 트로이),
    니콜라스 케이지(캐스터 트로이/숀 아처),
등급 15세 관람가

포레스트 검프 Forrest Gump, 1994
개요 드라마, 코미디 | 미국 | 142분
감독 로버트 저메키스,
주연 톰 행크스(포레스트 검프)
등급 12세 관람가

표적 The Target, 2014
개요 액션, 드라마 | 한국 | 98분
감독 창감독
주연 류승룡(백여훈), 유준상(송반장), 이진욱(이태준)
등급 15세 관람가

프리 윌리 Free Willy, 1994
개요 가족, 모험, 드라마 | 미국 | 112분
감독 사이먼 윈서
주연 케이코(윌리), 제이슨 제임스 리처(제시),
    로리 페티(래 린들리)
등급 전체 관람가

피버 피치 Fever Pitch, 1997
개요 코미디, 드라마, 멜로/로맨스 | 영국 | 102분
감독 데이빗 에반스
주연 콜린 퍼스(폴 애쉬워스), 루스 겜멜(사라 휴즈),
    닐 피어슨(폴의 아빠),

피아노 The Piano, 1993
개요 드라마, 멜로/로맨스 | 오스트레일리아, 뉴질랜드 |

119분
감독 제인 캠피온
주연 홀리 헌터(에이다 맥그레스),
　　 하비 케이틀(조지 베인스),
　　 샘 닐(앨리스데어 스튜어트)
등급 청소년 관람불가

피에타 Pieta, 2012
개요 드라마 | 한국 | 104분
감독 김기덕
주연 조민수(미선), 이정진(강도)
등급 청소년 관람불가

(ㅎ)

하얀 전쟁 (White Badge, 1992)
개요 전쟁, 공포 | 한국 | 124분
감독 정지영
주연 안성기(한기주), 이경영(변진수), 심혜진(사라)
등급 청소년 관람불가

하하하 夏夏夏, Hahaha, 2009
개요 드라마, 코미디 | 한국 | 115분 | 2010 개봉
감독 홍상수
주연 김상경(영화감독, 조문경),
　　 유준상(영화평론가, 방중식),
　　 문소리(아마추어 시인·통영문화해설가, 왕성옥)
등급 청소년 관람불가

해리 포터와 마법사의 돌
Harry Potter And The Sorcerer's Stone, 2001
개요 판타지, 가족, 모험 | 영국 외 | 152분
감독 크리스 콜럼버스
주연 다니엘 래드클리프(해리 포터),
　　 루퍼트 그린트(론 위즐리), 엠마
등급 전체 관람가

해바라기 I Girasoli, Sunflower, 1970
개요 드라마 | 이탈리아, 프랑스 | 100분
감독 비토리오 데 시카
주연 소피아 로렌, 마르첼로 마스트로야니,
　　 러드밀라 사벨리에바

해변의 여인 Woman On The Beach, 2006
개요 드라마 | 한국 | 127분
감독 홍상수
주연 김승우, 고현정, 송선미
등급 15세 관람가

해안선 The Coast Guard, 2002
개요 드라마 | 한국 | 94분
감독 김기덕
주연 장동건(강 상병), 김정학(김 상병), 박지아(미영)
등급 청소년 관람불가

해적: 바다로 간 산적, 2014
개요 모험, 액션 | 한국 | 130분
감독 이석훈
주연 김남길(장사정), 손예진(여월)
등급 12세 관람가

헐리우드 키드의 생애
Life of Hollywood Kid, 1994
개요 드라마 | 한국 | 120분
감독 정지영
주연 최민수(임병석), 독고영재(윤명길)
등급 15세 관람가

혹성탈출: 진화의 시작
Rise of the Planet of the Apes, 2011
개요 액션, 모험, SF | 미국 | 106분
감독 루퍼트 와이어트
주연 제임스 프랭코(윌 로드만), 프리다 핀토(캐롤라인),
　　 앤디 서키스(시저)
등급 12세 관람가

황산벌
Once Upon A Time In The Battlefield, 2003
개요 코미디, 전쟁 | 한국 | 104분
감독 이준익
주연 박중훈(계백), 정진영(김유신), 이문식(거시기)
등급 15세 관람가

효자동 이발사 The President's Barber, 2004
개요 드라마, 코미디 | 한국 | 116분
감독 임찬상

주연 송강호(성한모), 이재웅(성낙안), 문소리(김민자)
등급 15세 관람가

휴일 기획 전옥숙 1968 미개봉, 대한연합영화
개요 멜로 | 한국 | 73분
감독 이만희
출연 신성일, 전지연, 김성옥, 김순철, 안은숙, 김경란,
      김기범, 김광일, 조향민, 손전

희생 Offret, The Sacrifice, 1995
개요 드라마 | 스웨덴, 영국, 프랑스 | 143분
감독 안드레이 타르코프스키,
주연 앨런 애드윌, 수잔 플리트우드,
등급 청소년 관람불가

007 골드핑거(제3탄)
Ian Fleming's Goldfinger, 1964
개요 액션, 스릴러, 모험 | 영국 | 112분 | 1967 개봉
감독 가이 해밀톤
주연 숀 코네리(제임스 본드)

007 두 번 산다(제5탄)
You Only Live Twice, 1967
개요 액션, 모험, 스릴러 | 영국 | 116분 | 1969 개봉
감독 루이스 길버트
주연 숀 코네리, 아키코 와카바야시, 탄바 테츠로

007 네버 세이 네버 어게인
Never Say Never Again, 1983
개요 액션, 모험 | 영국, 미국, 독일(구 서독) | 137분
감독 어빈 케쉬너
주연 숀 코네리(제임스 본드)

007 다이 어나더 데이(제20탄)
Die Another Day, 2002
개요 액션, 모험, 스릴러 | 영국, 미국 | 133분
감독 리 타마호리
주연 피어스 브로스넌(제임스 본드)
등급 15세 관람가

007 황금총을 가진 사나이(제9탄)
The Man With The Golden Gun, 1974
개요 액션 | 영국 | 125분 | 1975 개봉
감독 가이 해밀톤
주연 로저 무어(제임스 본드)

JFK, 1991
개요 범죄, 드라마, 미스터리, 스릴러 | 미국 | 189분 |
      1992 개봉
감독 올리버 스톤
주연 케빈 코스트너(짐 게리슨)
등급 15세 관람가

이달균 시인의 영화로 읽는 세상
영화, 포장마차에서의 즐거운 수다
ⓒ 이달균, 2015

1판 1쇄 인쇄 ㅣ 2015년 01월 10일
1판 1쇄 발행 ㅣ 2015년 01월 20일

지 은 이 ㅣ 이달균
펴 낸 이 ㅣ 이영희
펴 낸 곳 ㅣ 이미지북
출판등록 ㅣ 제2-2795호(1999. 4. 10)
주   소 ㅣ 서울 강남구 논현로113길 13(논현동) 우창빌딩 202호
대표전화 ㅣ 02-483-7025, 팩시밀리 : 02-483-3213
e - m a i l ㅣ ibook99@naver.com

ISBN 978-89-89224-28-0   03680

이 도서의 국립중앙도서관 출판예정도서목록(CIP)은 서지정보유통지원시스템 홈페이지(http://seoji.
nl.go.kr)와 국가자료공동목록시스템(http://www.nl.go.kr/kolisnet)에서 이용하실 수 있습니다.
(CIP제어번호 : CIP2014037191)